Zielen – loslassen – erreichen!

Wie Sie Ihr Gehirn auf Erfolg einstellen

Andreas Winter

Zielen – loslassen – erreichen!

Wie Sie Ihr Gehirn auf Erfolg einstellen

Haben Sie Fragen an Andreas Winter?
Anregungen zum Buch?
Erfahrungen, die Sie mit anderen teilen möchten?

Nutzen Sie unser Internetforum:
www.mankau-verlag.de/forum

mankau

Bibliografische Information der Deutschen Nationalbibliothek
Die Deutsche Nationalbibliothek verzeichnet diese Publikation in der Deutschen Nationalbibliografie; detaillierte bibliografische Daten sind im Internet über http://dnb.d-nb.de abrufbar.

Andreas Winter
Zielen – loslassen – erreichen!
Wie Sie Ihr Gehirn auf Erfolg einstellen
ISBN 978-3-86374-518-9
1. Auflage Januar 2019

Mankau Verlag GmbH
D-82418 Murnau a. Staffelsee
Im Netz: www.mankau-verlag.de
Internetforum: www.mankau-verlag.de/forum

Lektorat: Dr. Thomas Wolf, MetaLexis; Barbara Böhm, Mankau Verlag GmbH (Taschenbuchausgabe)
Endkorrektorat: Susanne Langer-Joffroy M. A., Germering
Gestaltung Umschlag: Hauptmann & Kompanie Werbeagentur, Zürich
Fotomotiv Cover: Jens Pögel, www.poegelmedia.de
Gestaltung Innenteil: Mankau Verlag GmbH

Fotos Innenteil: ArTo – stock.adobe.com (8); EpicStockMedia – stock.adobe.com (16/17); Olivier Le Moal – stock.adobe.com (62/63); Sergey Nivens – stock.adobe.com (98/99); fotomaximum – stock.adobe.com (124); psdesign1 – stock.adobe.com (132/133)
Energ. Beratung: Gerhard Albustin, Raum & Form, Winhöring

Druck: Druckerei C. H. Beck, Nördlingen

MIX
Papier aus verantwortungsvollen Quellen
FSC® C019821

Für mein Team

Inhalt

Vorwort

von Carsten Beyreuther

Wer seinen eigenen Weg geht, erkennt einen, der das ebenfalls tut.

Als Verkaufstrainer, Coach und Autor bin ich auch immer mal wieder auf der Suche nach Inspirationen bei Kollegen aus ähnlichen Branchen. Wenn man jemanden dazu bringen will, sein Potenzial voll zu entfalten und im Verkauf erfolgreich zu werden, muss man mit einer klugen Kombination verschiedener Methoden und Ansätze arbeiten. Als ich beim Recherchieren auf Andreas Winter und seine Arbeit stieß, war ich fasziniert. Wie so vielen ging es auch mir am Anfang: Ich wollte nicht so recht glauben, dass es so einfach sein könnte, über Jahre hinweg verfestigte Strukturen aufzubrechen und aufzulösen. Je mehr ich las, umso gespannter war ich auf den Menschen dahinter. Kurz entschlossen rief ich Andreas Winter an. Eine Stunde lang dauerte dieses erste Telefonat. Später haben wir uns persönlich kennengelernt und suchen seitdem immer wieder den konstruktiven Austausch miteinander.

Was Winter in seinem aktuellen Buch postuliert, kenne ich auch aus meiner Coaching-Praxis im Vertrieb gut: Menschen erreichen immer die Ziele, die ihnen emotional am wichtigsten sind.

Erstaunlicherweise können sie das aber nur begrenzt beeinflussen. Andreas Winter bringt hier unter anderem das Beispiel von dem Mann, der sich ein Foto von einem Sportwagen über den Schreibtisch hängt, weil er glaubt, dass er sich damit motivieren kann. Tatsächlich ist es ihm aber unbewusst viel wichtiger, seinen Vater – der sich so einen Wagen vielleicht niemals hätte leisten können – nicht zu beleidigen, nicht zu beschämen, indem er selbst mehr erreicht. Dieser Mensch wird seinen Flitzer nicht bekommen, weil das emotionale Motiv viel stärker ist als das vordergründige. Scham bei Verkäufern, die zu erfolgreich waren und damit ihre Eltern an Einkommen finanziell überflügelten, habe auch ich immer wieder in meinen Seminaren bemerkt. Das vorliegende Buch hilft dabei zu erkennen, was man tatsächlich möchte. Außerdem gibt es Techniken an die Hand, mit deren Hilfe man sogar das eigentliche Ziel, den Sportwagen, in den emotionalen Fokus rücken kann.

Mich hat es von Anfang bis Ende gefesselt, und ich habe sowohl Belege für eigene Erfahrungen als auch neue Ansätze für meine Arbeit gefunden.

Egal, ob es um ein teures Auto geht, um ein Leben in Luxus, berufliche Anerkennung oder ein glückliches Privatleben: „Zielen – loslassen – erreichen!“ zeigt, wie man es schafft, das eigene Gehirn auf Erfolg einzustellen.

Carsten Beyreuther
Berlin im Dezember 2018

Vorwort
des Autors

„Gib dir mal Mühe!", „Streng dich richtig an!" und „Träum' nicht so rum!" – so versuchen Eltern ihre Kinder und Lehrer ihre Schüler zu ertüchtigen. Die Beschwörungsformeln der zahlreichen Motivationstrainer klingen da schon positiver: „Lass nicht locker, du schaffst das!", „Habe eine Vision!" und „Überwinde deinen inneren Schweinehund!" Doch jetzt mal im Ernst: Wenn auch nur ein einziger dieser Sprüche, die Sie alle kennen, wirklich jemals funktioniert hätte, dann hätten Sie dieses Buch hier doch gar nicht in der Hand, richtig?

Was läuft also schief beim großen Marathon des Lebens in Richtung Wohlstand, Gesundheit und (Selbst-)Verwirklichung? Was fehlt in der Formel zum Erfolg? Ist Erfolg nur ein Privileg der Verwöhnten, ein leeres Versprechen von Scharlatanen oder nur den Ellenbogenkriegern mit genug „Vitamin B", den Vetternwirtschaftsbeziehungen, vorbehalten?

Was ist mit den „Bestellungen beim Universum"? Dem „Gesetz der Anziehung", dem „Secret", dem großen Geheimnis, von dem viele Autoren sprechen? Muss man nur kräftig glauben, und alles wird gut? Oder muss man vielleicht kräftig glauben und zahlen? Was nährt die Hoffnung, Lakshmi, die Göttin des Geldes, milde zu stimmen? Müssen Sie wirklich schuften bis zum Umfallen, um vermögend zu werden? Müssen Sie auf Nahrung verzichten und täglich durch den Wald laufen, um schlank zu werden? Müssen Sie leben wie eine Nonne oder ein Mönch, um in der Partnerschaft nicht enttäuscht zu werden? Geht es denn anders? Vielleicht ganz entspannt? Wie machen es denn eigentlich die anderen? Ich behaupte, die wirklich erfolgreichen Menschen machen es sich so leicht, dass ihnen einfach keiner glaubt, dass es so leicht ist.

Denken Sie an den Buchtitel: Kann man mit Loslassen, also größter Gelassenheit, ein Ziel erreichen? Das erscheint doch zunächst paradox, gelten doch Beharrlichkeit und verbissenes Streben als mindeste Voraussetzungen, um den Olymp der Höchstleistungen zu erklimmen. Das Gehirn auf Erfolg einstellen? Gut und schön, doch gibt es nicht bereits Tonnen von Büchern zum Thema Gewinnmaximierung und Wohlstandsmehrung? Moderne Anlagestrategien, geschickte Einsparmöglichkeiten und unermüdliche, harte Arbeit gelten darin als Säulen des Erfolgs. Disziplin, Härte und Cleverness machen Erfolg aus, so glauben die meisten von uns. Dennoch gibt es Menschen, für die diese eiserne Regel so leicht zu verbiegen ist wie für Uri Geller ein Löffel. Es gibt viele Menschen, die mühelos Spitzenerfolge erzielen und zu finanziellem Wohlstand kommen. Erfolg ist ganz leicht und ohne Anstrengung zu erreichen, so lautet die ungewöhnliche Botschaft dieses Buches. Ich möchte Ihnen aufzeigen, wie Sie bislang erfolgreich waren und es auch künftig sein werden, denn Er-*folg* ist eine Folge von dem, was Sie tatsächlich denken – und nicht von dem, was Sie gerne denken würden. Wir müssen also zunächst einmal aufräumen mit Blockaden und falschen Glaubenssätzen, Ihrer Fantasie die Fesseln sprengen und vor allem: Ihre Eltern im Kopf dazu bewegen, sich aus Ihren Gedanken herauszuhalten.

Einige meiner Leser wissen bereits: Bei mir erwartet Sie Ungewöhnliches – und Sie werden es nun auch bald wissen, denn mein Credo lautet: „Denkst du anders, lebst du anders!" Meine Bücher behandeln Themen der Bereiche Gesundheit und Verhalten aus tiefenpsychologischer Sicht. Sie zeigen Ihnen Aspekte des Lebens, die Ihnen vielleicht zunächst etwas fremd vorkommen mögen. Daher hoffe ich auf Ihre vorbehaltlose wissenschaftliche Offenheit und Neugier.

In meinem Institut Andreas Winter Coaching arbeite ich mit Analysen und Reflexionen, um psychische Prozesse bewusst zu machen. Diese Arbeit ermöglicht unseren Klienten, sich von schädlichen Verhaltensmustern und damit sogar von körperlichen Symptomen zu befreien.

Nun ist es in unserem Kulturkreis noch immer nicht selbstverständlich, dass unsere unbewussten Gedanken im Grunde unseren verborgenen Wünschen und Bedürfnissen entsprechen und sogar von höchster Präzision sein können. Wir erkennen nicht unsere Entscheidungsfreiheit und damit unsere Verantwortung, sondern neigen viel eher dazu, uns über unser Verhalten zu ärgern, uns dafür zu schämen oder sogar selbst zu hassen, anstatt es einfach zu ergründen und gegebenenfalls entsprechend zu ändern. Doch spätestens dann, wenn unsere eigenen Gedanken uns immer wieder scheitern lassen oder sogar krank machen, sollten wir die Gelegenheit ergreifen, unseren geistigen Horizont zu erweitern und die schädliche Lebensweise damit zu regulieren. Hierfür braucht man übrigens weder Disziplin noch gute Vorsätze, sondern lediglich ein paar Erkenntnisse. Um diese Erkenntnisse soll es nun gehen.

Machen Sie sich bereit für etwas, das Sie wahrscheinlich als Kind einmal wussten, aber als Erwachsener vergessen haben: die Strategie, wie man erfolgreich wird.

Andreas Winter
Iserlohn im Januar 2019

Audio-Coaching als „Starthilfe“

Ergänzend zu diesem Buch habe ich ein Audio-Coaching produziert, dass Sie auf dem gleichnamigen Hörbuch finden. Dieses Coachingprogramm hilft Ihnen, das Gelesene auf emotionaler Ebene nachzuvollziehen, damit Sie es im Alltag auch umsetzen können. Ich verwende darin keine Suggestionen oder Informationen unterhalb der bewusst hörbaren Wahrnehmung (Subliminals), sondern arbeite einzig mit Ihrem wachen Verstand und Ihrer bildhaften Erlebnisfähigkeit.

Meine Empfehlung ist, das Audio-Coaching aber erst nach der Lektüre des Buches und dann ganz bewusst anzuhören. Stellen Sie sich idealerweise dabei vor, ich würde tatsächlich mit Ihnen reden und Ihnen Fragen stellen, auf die Sie mir hörbar antworten. So erzeugen Sie den größtmöglichen Effekt an Bewusstmachung – ähnlich einem Coaching-Gespräch. Der zweite Teil des Audio-Coachings ist dazu gemacht, öfters gehört zu werden. Wenn Sie mögen, können Sie es als tägliche Motivation oder auch nur als Muntermacher verwenden. Jedoch sei auch hierbei empfohlen, sich vorbehaltlos auf das Programm einzulassen. Sowohl die

Andreas Winter
Zielen – loslassen – erreichen!
Hörbuch mit Coaching
ISBN 978-3-86374-521-9
2 Audio-CDs
Gesamtlaufzeit ca. 120 Min.

---

verwendete Musik als auch meine Stimme, Sprechmelodie und mein Dialekt sind gewiss nicht jedermanns Geschmack. Doch geht es hier darum, den Weg für ein Ihnen wichtiges Ziel freizumachen, und nicht, Sie angenehm zu unterhalten. Auch diese Vorbehaltlosigkeit gehört bereits zum „Loslassen“. Aufgrund der bisherigen Erfahrungen kann ich Ihnen versichern, dass sich diese Offenheit in beeindruckender Weise für viele Menschen gelohnt hat.
Das Hörbuch „Zielen – loslassen – erreichen!“ ist auch als mp3-Download erhältlich; weitere Informationen und den Download-Link finden Sie auf der entsprechenden Produktseite unter **www.mankau-verlag.de.**

I. Führerschein zum Glücklichsein

Wir alle streben nach einem zufriedenen und glücklichen Leben. Gesundheit, (Selbst-)Verwirklichung und Wohlstand sind die Triebkräfte, die unser gesellschaftliches Leben am meisten beeinflussen. Um sich diese Wünsche zu erfüllen, benötigt ein Mensch viele Informationen: über Chancen, Hintergründe und Strategien zur Bedürfnisbefriedigung.

Viele Fragen – eine Antwort

Wie ist es möglich, dass einige Menschen mit nur geringer Schulbildung vermögender und erfolgreicher sind als Menschen mit gutem Studienabschluss (etwa der legendäre Milliardär Aristoteles Onassis, der als 16-Jähriger mit 60 Dollar Startkapital ein Imperium gründete)? Wie gelang es einem 30-jährigen behinderten Briten, innerhalb von nur einer Woche Deutsch zu lernen? Warum kann ein achtjähriges Kind seine elektronische Spielkonsole besser und virtuoser handhaben als sein Vater die Fernbedienung des DVD-Rekorders?

Ein 53-jähriger Ex-Bandscheibenvorfall-Patient schaffte 31.250 Liegestütze hintereinander und sicherte sich damit einen Eintrag ins Buch der Rekorde – wie hat er das bewerkstelligt? Ich selbst habe innerhalb von zwölf Jahren 18 erfolgreiche Ratgeber-Bücher geschrieben – neben meiner Arbeit als Leiter eines der größten Coaching-Institute Deutschlands, Referent und Ausbilder, neben meiner Familie und meinen Hobbys als Musiker und Schauspieler, neben regelmäßigem Urlaub und täglich acht gemütlichen Stunden Schlaf. Wie soll das alles gehen, wenn man doch angeblich nur mit Disziplin, Anstrengung und Quälerei erfolgreich wird?

Antwort: Weil Erfolg, Wohlstand und Spitzenleistungen nicht von Mühe, Disziplin und Anstrengung abhängen, sondern von deren *emotionaler Bedeutung* für den Menschen. Schuldgefühle, falsche Glaubenssätze, Bevormundungen und Ängste sabotieren erfolgreiches Lernen und Handeln, während Begeisterung, Leidenschaft und Zuversicht die „Autopiloten" für Erfolg und Wohlstand sind. Wie Sie diesen Autopiloten kennen und benutzen lernen, das zeigt Ihnen dieses Buch.

Grundwissen Gehirn

Das Wissen, das Erfolg ermöglicht, kann einerseits durch Versuch und Irrtum generiert werden; wir können alles Mögliche ausprobieren und das Ergebnis mit unserer ursprünglichen Absicht vergleichen. Durch Anpassung unserer Strategie können wir eine größtmögliche Übereinstimmung von Absicht und Ergebnis erreichen. Je reflektierter ein Mensch ist, also je mehr er sich seine Gefühle und Beweggründe bewusst machen kann, desto schneller lernt er aus seinen Fehlern (falls er sie überlebt). Doch andererseits, je lösungsorientierter ein Mensch ist, desto höher ist seine Bereitschaft, sich durch die *Erfahrung anderer* weiterzubilden, ohne Schmerz, ohne Irrtum, ohne gefährliche Fehlversuche. Genau darum soll es im Folgenden gehen: die Abkürzung zum Erreichen von Zielen durch Hintergrundwissen, quasi um einen Führerschein zum Glücklichsein. Ich glaube, dass ein jeder Mensch allein schon aus physikalischen Gründen versucht, glücklich zu sein. Das hat damit zu tun, dass Stress und Frust uns Energie rauben, während hingegen Glücksgefühle und Erfolgserlebnisse uns Schubkraft geben. Bevor wir also klären, was „Glück" und „glücklich" eigentlich ist, betrachten wir also zunächst einmal das Vehikel, mit dem wir unser Glück ansteuern, unser Gehirn.

Es ist schon seltsam: Einerseits bezeichnen wir Menschen uns selbst gern als die „Krone der Schöpfung", als Ebenbild Gottes oder die Crème de la Crème der Evolution – und sind somit so vermessen zu glauben, es gäbe weder intelligentere Wesen als uns auf der Erde, noch gäbe es überhaupt Leben außerhalb der Erde. Andererseits klatschen wir uns öfters mit der flachen Hand vor die Stirn und rufen bei jedem kleinen Missgeschick: „Oh, ich bin so dumm!" Wir *wissen*, wie leistungsfähig unser Gehirn ist, *glauben* es aber nicht. Wir *dürfen* es wahrscheinlich noch nicht einmal glauben, denn: Hand aufs Herz, wer von Ihnen bringt es wirklich fertig, in einer Gesprächsrunde unter Arbeitskollegen auszusprechen, dass er sich seiner hohen Intelligenz bewusst ist? Aha! Sie merken, dass solch eine Äußerung einen Konventionsbruch bedeutet. Unbescheiden, unverschämt, arrogant ... als solches würde man Ihr Verhalten wohl bezeichnen – ohne dies natürlich ausdrücklich zu thematisieren, weil man dann selbst ebenfalls als unbescheiden gälte.

Wir wissen, dass wir hochintelligent sind, glauben es aber selbst nicht ganz – und würden dies auch niemals sagen. Wie dumm! Oder doch nicht? Sehen wir einmal genauer hin.

Das menschliche Gehirn: 100 Milliarden Nervenzellen, 80 Prozent Wasser, 1.345 ccm Volumen und etwa 1,4 Kilo Gewicht. Dieses Organ verbraucht mit seinen verschiedenen Bereichen rund 20 Watt und damit so viel Energie wie das Licht in Ihrem Kühlschrank. Hierfür bezieht es seinen Brennstoff aus Glukose und Sauerstoff. Damit verbraucht das Gehirn immerhin 17 Prozent der Gesamtenergie des Körpers und ist ein „Hochleistungs-Großrechner aus Wasser", es kümmert sich um sämtliche Zellen und Funktionsvorgänge im Körper und schläft nie! Dennoch ist das Gehirn der am meisten unterschätzte Körperteil. Es ist quasi Ihre Kommandozentrale und kann alles veranlassen, was Sie für möglich halten. Dies geschieht über elektromagnetische Impulse, die Gedanken genannt werden. Für die Reizaufnahme sowie die Weitergabe und Verarbeitung von Nervenimpulsen (Erregungen) zuständig sind unsere Nervenzellen, auch Neuronen genannt.

Die gesamte Anzahl der Nervenzellen beim Menschen sollte man sich auf der Zunge zergehen lassen: Es sind etwa 1.000.000.000.000 (10^{12}), also eine Billion; und jede Einzelne von ihnen baut jeweils 1.000 Verbindungen zu anderen Neuronen auf.

Neuronale Verbindungen können simultan 200 Operationen pro Sekunde ausführen, was einer maximalen Rechenleistung von bis zu 10 Teraflops entspricht (dies entspricht der Datenmenge von mehr als 2.100 gleichzeitig innerhalb von einer einzigen Sekunde ablaufenden DVD-Kinofilmen!). Ebenso unvorstellbar hoch wie seine Rechenleistung ist die Speicherkapazität des menschlichen Gehirns. Sie wird auf ein bis vier Petabyte (1 Petabyte sind 1.024 Terabyte und rund 1 Million Gigabyte) geschätzt. Selbst wenn Sie einige Hundert Jahre alt würden, Sie könnten damit rein theoretisch jede Einzelne der elf Millionen Sinneswahrnehmungen, die pro Sekunde auf Sie ungefiltert einprasseln, erinnern.

Auf CD-ROM gebrannt und aufgestapelt würden diese vier Petabyte einen Turm von rund 6,8 Millionen CDs ergeben und damit eine Höhe von mehreren Kilometern erreichen. Niemand sollte also wirklich ernsthaft behaupten, er wäre dumm oder unfähig zum Erfolg!

Mit seinen Nervenzellen ist das Gehirn fähig, mehr Schaltstellen zu bilden, als Atome im Weltall sind. Bei jeder einzelnen gedanklichen Aktivität verschaltet unser Gehirn immerzu weitere neuronale Zellen. Hierdurch wird Denken und Lernen erst möglich. Der genaue Grund für diese Verschaltung gilt allerdings noch als wissenschaftlich ungeklärt. So stellt sich zum Beispiel die Frage, warum nicht alle Nervenzellen in einer Kettenreaktion plötzlich zusammenklumpen. Was „dosiert“ die Verschaltungen? Warum verbinden sich unsere Gehirnzellen nur unter bestimmten Umständen?

Warum lernen wir nicht alle Wörter dieses Buches inklusive Seitenzahlen auswendig, so wie ein Computer es könnte? Die Antwort ist gar nicht schwer.

Einen kleinen Hinweis liefert uns das Resonanzprinzip. Dabei geht es darum, dass Systeme mit ähnlicher Beschaffenheit (etwa gleichen Teilcheneigenschaften) eher in Interaktion treten als formal grundverschiedene Systeme. Gleich und Gleich gesellt sich gern. Ein möglicher Grund dafür, dass sich Neuronen dosiert verschalten, könnte also darin liegen, dass aufgrund der Ähnlichkeit der Systembestandteile bestehende Strukturen wesentlich leichter und mit geringerem Energieaufwand zu nutzen als völlig neue zu schaffen sind.

Wir erlernen unsere Muttersprache meist wesentlich leichter und schneller als eine Fremdsprache, weil wir eine extrem hohe Bereitschaft dazu entwickeln, von unseren Eltern verstanden zu werden. „Relevanz" oder auch „Interesse" heißt also dieser Filter des Bewusstseins. Die Information, die mit dem geringstmöglichen Aufwand möglichst viele Verschaltungen von Nervenzellen mit ähnlicher chemischer Ausgangslage anregt, belegt den meisten Speicherplatz. Wird eine Nervenzelle durch einen Impuls angesteuert, so bewirkt dies in ihr eine chemische Veränderung, welche die Nachbarzellen zur Verschaltung anregt, um dieses chemische Ungleichgewicht auszugleichen, sofern die Nachbarzelle dazu chemisch in Bereitschaft ist. Relevanz ist damit eine Art „Informationsdarwinismus". Die Information, die mit dem chemischen Umfeld im Gehirn am besten, d. h. mit dem geringsten Widerstand, zurechtkommt, breitet sich aus. Dieser Konkurrenzkampf der Informationen wäre damit also tatsächlich biochemisch zu begründen. Neuronen verschalten sich somit selektiv und nicht willkürlich. Trifft eine

Information auf ein vorhandenes Netz von Verschaltungen, ist der dadurch angeregte Lernprozess größer, als wenn eine Information neu und uninteressant ist. Wenn Sie zum Beispiel die Worte „grau", „groß" und „Rüssel" hören, denken Sie an einen Elefanten. Bedenken Sie nun, dass sowohl ein Ameisenbär als auch eine Stubenfliege einen Rüssel haben und je nach Art und Betrachterstandpunkt als grau und groß betrachtet werden können, dann haben Sie zwar mit den beiden weiteren Tiernamen keine neuen Informationen bekommen, aber weitere Neuronen verschaltet. Bei „grau", „groß" und „Rüssel" denken Sie nun nicht mehr allein an einen Elefanten. Alte Informationen sind neu in Beziehung gebracht worden und erzeugen damit einen Lerneffekt. Und zwar einen höheren, als wenn Sie völlig neue Vokabeln mit unbekanntem Inhalt erfahren wie etwa „Phyllobius sericeus" und „Idaea seriata". Selbst wenn ich Ihnen nun sage, dass die beiden Namen die lateinische Bezeichnung für Rüsseltier und einen grauen Schmetterling sind (Falter besitzen ebenfalls einen Rüssel), dauert die Neuverschaltung der lateinischen Namen länger als die der deutschen, obwohl die Buchstaben in den Fachausdrücken ebenfalls nicht neu sind, sondern nur deren Anordnung.

Die Ersten unserer Nervenzellen entwickeln sich bereits in der dritten Schwangerschaftswoche. Mit ihnen sind wir in der Lage, chemische Unterschiede in unserer Umgebung zu registrieren. Allerdings gibt es in der Gebärmutter noch nicht allzu viele spürbare Unterschiede – es ist für den Follikel immer einigermaßen gleich warm und gleich dunkel. Doch ab diesem Zeitpunkt ist der kleine Zellknubbel, der später unser Gehirn ist, bereits in der Lage zu spüren, ob sich Stresshormone, Glückshormone, Schlafhormone oder etwa Alkohol in seiner Umgebung befinden. Nach etwa weiteren sechs Wochen nennt man diesen kleinen „Zellhaufen" von Nervenzellen, der sich stetig weiterentwickelt, bereits „Gehirn", und mit etwa fünf Monaten bekommt das Kind eine konkrete Vorstellung davon, ob es im Bauch willkommen ist oder etwa ungewollt. Es braucht sich lediglich beim mütterlichen Organismus bemerkbar zu machen, etwa durch einen kräftigen Tritt von innen gegen die Bauchdecke – das tut es ab diesem Zeitraum für gewöhnlich – und schon bekommt es darauf die Antwort seiner Mutter in Form von Neurotransmittern, die durch die Nabelschnur direkt zum Gehirn rasen und ihm die gleichen Gefühle ermöglichen, die seine Mutter hat. Entweder sie freut sich, ihr Kind zu spüren, dann bekommt es einen Endorphinstoß, der als Glücksgefühl wahrgenommen wird; oder sie ist verzweifelt, weil sie gar kein Kind will, dann spürt der Embryo einen Adrenalinstoß. Das Stresshormon wird von einem Ungeborenen fast wie ein Stromschlag empfunden. Wenn das Kind diese Erfahrung ein paar Mal gemacht hat, schlussfolgert es, dass es offenbar eine ganz schlechte Idee ist, sich allzu deutlich bemerkbar zu machen. Depressionen und Introvertiertheit nehmen ihren Ursprung bereits vor der Geburt, bedingt durch die sich zunehmend ausbildende Verschaltungsfähigkeit, „Intelligenz" genannt.

Wenn ein Baby zu heiß ersehnt, zu gewollt ist, also bei fast jeder Bewegung im Bauch bei der Mutter ein Glücksgefühl auslöst, dann lernt es, dass es offenbar willkommen ist, und macht sich auch fortan weiterhin bemerkbar. Das geborene Kind versucht unter Umständen, so konditioniert, auch weiterhin mit Bewegungen und Aktivität Stress loszuwerden und Endorphine zu erzeugen. Früher nannte man dies das „Zappelphilipp-Syndrom". Heute nennt man die Folge dieses vorgeburtlichen Lernprozesses „ADHS“ das „Aufmerksamkeitsdefizit-Hyperaktivitäts-Syndrom“. Hieraus kann sich bereits ein Versagensmuster entwickeln, wenn das Kind nun im Laufe seines Lebens erfährt, dass seine Aktivität offenbar doch nicht so gutgeheißen wird, wie es einst gedacht hatte. Versagen aufgrund eines „nicht gehaltenen Versprechens“ nenne ich das.

Unser Gehirn ist also wirklich kein Spielzeug, sondern ein Wunderwerk, das bei jedem Computerchip-Hersteller Neid erzeugen könnte. Allerdings nur bis vor Kurzem, denn mittlerweile wird diese Kapazität von den Computern in Hochleistungs-Rechenzentren übertroffen! Einen solchen Supercomputer müssten Sie allerdings zehn ganze Jahre lang rund um die Uhr selbstlernend programmieren, damit er die Reife und Erfahrung eines zehnjährigen Kindes hat! Zum Vergleich: Einer der derzeit schnellsten Rechner der Welt, BlueGene/L, kann mit Sicherheit per Knopfdruck genau sagen, wie viele Buchstaben in diesem Buch sind. Er kann aber nicht die geringste Aussage darüber treffen, ob für ihn das Buch langweilig oder anregend ist. Ob es von Ihnen als langweilig oder anregend empfunden wird, hängt also nicht von Ihrer Rechenleistung ab, sondern von der von Ihnen bereits gespeicherten beziehungsweise noch zu Ihrer Verwirklichung benötigten Datenmenge – Interesse ist der Treibstoff für Ihren Erfolg!

Doch wo bleibt denn nun diese gewaltige Rechenleistung des Gehirns? Wenn wir doch so clever sind, warum machen wir dann noch Fehler, vergessen den Haustürschlüssel, diktieren unsere eigene Telefonnummer falsch oder fahren bei Rot über eine Ampel?

Antwort: Weil schätzungsweise nur etwa maximal drei Prozent dieser Datenmenge überhaupt vom Bewusstsein wahrgenommen und verarbeitet werden können; der Rest ist unter- und unbewusst und jenseits des Verstandes herrschen ganz andere Bedingungen für die Datenverarbeitung. Unser Bewusstsein, so lautet meine eigene Arbeitsthese, ist die absichtsvolle Hinwendung zur wahrnehmbaren Realität. Es verarbeitet damit eher Dinge, die mit der Anpassung des Selbst an die äußere Welt zu tun haben und damit der sofortigen Kontrolle unterliegen. Nicht wahrnehmbar und damit unterbewusst sind beispielsweise die Steuerungsbefehle für Mimik und Gestik. Unbewusst, damit noch eine Ebene tiefer, sind Vorgänge wie das Wachstum oder die Zellerneuerung. Unbewusst nehmen wir aber auch Luftdruck, Licht oder die Informationen aus homöopathischen Mitteln wahr. Unbewusstes lässt sich für die meisten Menschen nur mit dem Unterbewusstsein steuern, aber nicht mit dem Bewusstsein. Sich bewusst und absichtlich neue Haare wachsen zu lassen etwa wäre bei den meisten Menschen ausgeschlossen. Unterbewusst geschieht so etwas schon häufiger. Das Unterbewusstsein selektiert allerdings sehr stark nach Relevanz. Es interessiert sich weder für den Haustürschlüssel noch für die gerote Ampel – es sei denn, wir beauftragen es damit. Dann geraten diese Dinge ins Bewusstsein, wir wenden uns der wahrnehmbaren Realität zu. Unsere Gehirnzellen treten in Resonanz mit vorhandenen Nachbarzellen und verschalten sich zu einer „Arbeitseinheit". Das ist also gar nicht so kompliziert, wie es zunächst erscheinen mag.

Die eigentliche gedankliche Information, die unser Verhalten und Empfinden ausmacht, ist lediglich eine Änderung des Ruhepotenzials in den Nervenzellen. Durch das Öffnen von Ionenkanälen in der Zellmembran können Ionen ein- oder ausströmen und so die elektrische Ladung der Zelle verändern. Diese Ladungsänderung wird auf andere Nervenzellen übertragen und kann somit im Körper an die entsprechenden Stellen, wie etwa Muskeln, weitergeleitet werden. Unsere Nerven selbst, die diese Reize weiterleiten, ähneln Telefonkabeln, durch die Tausende von Informationen gleichzeitig laufen und an verschiedene Stellen ausgeliefert werden können.

Das Zustandekommen von Information durch elektrische Potenzialveränderungen bedeutet zugleich: „Der Mensch spürt nur den Unterschied." Diese Erkenntnis geht auf den Wiener Arzt und Begründer der Psychoanalyse Sigmund Freud (1856–1939) zurück und besagt, dass wir stets und ständig neue Reize benötigen, um uns überhaupt unserer Existenz bewusst sein zu können.

Gehirnforscher vermuten in unserem Gehirn immer eine gewisse Eigendynamik der Hirnareale sowie der zur Informationsübermittlung notwendigen Botenstoffe (Neurotransmitter) – doch diese Betrachtungsweise wäre so, als würde man bei einem Auto annehmen, dass der Motor von sich aus läuft. Dabei übersieht man, dass es jemanden geben muss, der für die Kraftstoffzufuhr sorgt; doch es ist genau der besagte Unterschied zwischen zwei Informationen (Reizen), auf den wir reagieren und den wir auszugleichen versuchen. Nicht das Gehirn selbst denkt, sondern wir lassen es denken – und zwar immer mit demselben Ziel, wie wir noch sehen werden!

Meist unterscheidet die psychologische und auch medizinische Literatur qualitativ zwischen Gedanken und Gefühlen.

Gedanken wären demnach rationale Impulse, Gefühle hingegen emotionale. Das ist eine Differenzierung, die ich im Hinblick auf die physikalische Sichtweise gerne aufheben möchte.

Ich schlage eine quantitative Unterscheidung vor, nach der Gefühle als immens große Datenmengen im Gehirn zu begreifen sind, als eine Summe aus vielen vernetzten Gedanken. Durch diese Menge an Impulsen, die miteinander in Beziehung stehen, können Bereiche des Körpers, z.B. Muskeln, Drüsen und Sinneszellen, über Nervenfasern sehr massiv angesteuert werden und damit selbstverständlich unser Verhalten und Empfinden beeinflussen.

Das, was wir normalerweise Gedanken nennen, ist folglich nur der bewusste und damit unverhältnismäßig geringere Teil unserer Hirnaktivität. Im Allgemeinen gehen Wissenschaftler davon aus, dass nur etwa maximal drei Prozent aller Gedanken bewusst sind. Die wenigsten unserer Gedanken dringen also tatsächlich ins Bewusstsein, dorthin, wo wir sie wahrnehmen und willentlich beeinflussen, sie aber dennoch sehr wirksam unser Verhalten steuern können.

So kann der intensive Gedanke an eine große Spinne in Ihrem Kragen bei Ihnen eine Gänsehaut erzeugen; und allein die Erinnerung an Ihr peinlichstes Erlebnis kann Ihnen die Schamesröte ins Gesicht treiben. Eine messbare körperliche Wirkung – hervorgerufen durch Gedanken.

Wenn ich in diesem Buch also von Gedanken spreche, meine ich damit sowohl die bewussten als auch die unbewussten elektromagnetischen Impulse des Gehirns. Insbesondere sehen wir uns die Gedanken an, die bei Ihnen eine höhere Priorität hatten, als zufrieden und erfolgreich zu sein. Denn diese Präferenzen wurden erreicht – und alles andere wurde nachgeordnet oder gar blockiert!

Aufgrund der wesentlich größeren Datenmenge, die eindrucksvolle hochrelevante Erlebnisse hervorrufen, wird eine viel größere Menge an elektromagnetischen Impulsen im Gehirn erzeugt.

Sie wissen, was passiert, wenn Sie bei einer Spielzeugeisenbahn den Fahrtregler am Trafo nur ein ganz klein wenig bedienen: Der Motor summt etwas, aber die Bahn fährt noch nicht los. Wenn Sie jedoch die Stromstärke erhöhen, beginnt sich die Eisenbahn in Bewegung zu setzen, und wenn Sie „Vollgas“ geben, kann der Zug sogar entgleisen.

Je mehr neuronale Verschaltungen ein Ereignis bei Ihnen angeregt hat, desto größer sind bei hervorgerufener Erinnerung die im EEG messbaren Hirnströme und desto größer ist der Effekt auf den Körper. Psychosomatische Erkrankungen resultieren aus massiven unterbewussten Gedankeneindrücken (Gefühlen), die in ihrer Massivität den Körper ansteuern. Aber auch Mut und Schaffenskraft hängen in ihrer Intensität von Gefühlen ab.

Sobald diese Gedanken bewusst (und damit vereinfacht) sind, ist der Einfluss auf den Körper minimiert. Daher glaube ich, dass Sie durch langweilige, irrelevante Gedanken ohne Sinn niemals erfolgreich werden, weil die Datenmenge für große Erfolge zu gering ist! Sie würden somit Ihr Gehirn fast gänzlich ungenutzt lassen.

Verstehen, wie die Psyche tickt

Psyche hingegen nenne ich den Informationskomplex, auf dessen Basis Gedanken generiert werden. Um genau zu verstehen, wie Gedanken unseren Körper beeinflussen, müssen wir nun wissen, was das „Programm Psyche“ ist und nach welchem Schema es eigentlich arbeitet. Wie lautet dieses oben erwähnte Ziel, mit dem wir unser Gehirn denken lassen?

Die Psyche ist gewissermaßen das Steuerungsprogramm eines Menschen, ebenso wie bei einem Computer: Dessen Hardware besteht zwar aus Kunststoff und Metall, braucht aber zusätzlich ein Programm, um überhaupt zu funktionieren. Das Programm der Psyche ist nicht materiell, deshalb lässt sie sich genauso wenig wiegen oder festhalten wie ein Lied, eine Idee oder die Anleitung, eine Schleife in den Schuh zu binden. Wir reden also von der Software des Menschen.

Doch dieses Programm ist einfach: Die Psyche des Menschen tickt nämlich bei allen gleich und hat nur ein einziges Bestreben, das ich den „Algorithmus der Psyche“ nenne. Das Bestreben der Psyche lautet:

maximale Verwirklichung der *eigenen Absicht*
mit geringstmöglichem Energieverlust.

Diese drei Faktoren haben es allerdings in sich. Was banal klingt, entpuppt sich als eine Formel, mit der man eines Tages sowohl das Verhalten eines Menschen berechnen und vorhersagen, als auch Aussagen darüber machen kann, welche Krankheiten einem bei Einhaltung des bisherigen Lebensweges erwarten. Diesbezüglich forsche ich seit rund drei Jahrzehnten und wende dieses Wissen in der täglichen Praxis erfolgreich an. Hierbei wird zugrunde gelegt, dass eine Absicht immer an eine Erwartung geknüpft ist.

Unsere Erwartungshaltung bekommt bereits kurz nach der Zeugung eine Dimension. Die Praxis zeigt, dass Kinder, die in einem ressourcenreichen Milieu reifen, wie etwa bei einer gesunden, gut ernährten, innerlich stark empfangs- und entwicklungsbereiten Mutter, diesen „Standard“ als Maßstab ansetzen, derweil das Streben nach höchster Verwirklichung weniger dort zu erwarten ist, wo das Sicherstellen des nackten Überlebens bereits im Mutterleib wahrgenommen wurde, etwa an Kriegsschauplätzen oder in strukturschwachen und armen Regionen dieser Erde.

Angestrebt wird also der *Ausgleich des Unterschieds* zwischen der Gegenwart (Jetzt) und der erwarteten Zukunft (Gleich) in Bezug auf die Vergangenheit. Fließen Informationen aus der Vergangenheit nicht mit ein, entweder weil es noch keine Erfahrungswerte gibt oder weil diese positiv oder neutral besetzt sind und daher keinen Unterschied zum potenziellen und angestrebten „Gleich“, also der Erwartung, machen, so wirken diese auch nicht blockierend.

Erwarten wir mit unserem Verhalten den Ausgleich eines als Einschränkung empfundenen Unterschieds, so handeln wir auch. Ansonsten verändern wir unsere Absicht, um erwarteten oder empfundenen Widerstand gering zu halten. Mit dieser Anpassung erleben wir somit keine Einschränkung der Absicht. Durch Erreichen unserer Absicht werden im Gehirn neuronale Neuverschaltungen generiert, was offenbar einen Entwicklungsvorteil bringt. Man kann auch sagen, wir sind im sprichwörtlichen Sinne neu-*gierig*.

Das mag zunächst vielleicht etwas zu einfach klingen, doch diese Formel erklärt jegliches menschliche Verhalten. Wir wählen mit unserem Verhalten den Weg des geringsten Widerstandes zur Expansion unserer Daseinsgrenzen. Das bedeutet, wir alle können nicht anders, als zu versuchen, Unterschiede zwischen Erwartung und Absicht auszugleichen, und sind bereit, dafür einen Aufwand in Kauf zu nehmen. Doch wir fällen hierfür permanent eine Entscheidung für die eine und gegen eine andere Möglichkeit. Die Entscheidung ist immer zugunsten der geringeren Entfaltungsgrenze, was nichts anderes bedeutet, als dass wir jede Möglichkeit ergreifen, unser Bestreben zu verwirklichen, es sei denn, der Aufwand erscheint zu groß.

Ein Beispiel soll dieses etwas philosophisch anmutende psychologische Grundgesetz illustrieren:

Entscheidungen fällen wir stets nach dem gleichen Muster, wie ein Tropfen Wasser, der an einer Fensterscheibe herunterrinnt und zum größtmöglichen Fortkommen immer den Weg des geringsten Widerstandes sucht. Oberflächenspannung, Schmutzpartikel und Verdunstung nehmen begrenzenden Einfluss, dagegen wirkt die Schwerkraft als Motivator. Genauso geht ein Klaustrophobiker, der Angst vor engen Räumen hat, in einem Hochhaus lieber 19 Stockwerke zu Fuß, als den Aufzug zu benutzen. Warum? Weil die Befürchtung des Eingeschlossenseins für ihn ein größeres Hindernis darstellt als der Muskelkater nach dem Treppensteigen. Wurde die Angst vor Eingeschlossensein aufgelöst, wäre der nächstgrößere Widerstand, um in den 19. Stock zu kommen, die anstrengende Treppe. Der Ex-Klaustrophobiker wählt nun den Aufzug. Handelt es sich jedoch um einen sportbegeisterten Menschen, nimmt er vielleicht doch nicht den Lift, sondern nutzt die Treppe als Trainingseinheit, da die Anstrengung zu seiner gewünschten Fitness beiträgt und somit seiner Absicht entspricht. Unsere „psychische Schwerkraft", unser Motivator ist die eigene Absicht.

Noch ein Beispiel?

Eine verdiente „Fünf" in einer Mathematikarbeit ist für die Psyche eines Schülers leichter zu verkraften als eine völlig unverdiente und unerwartete „Drei minus", die ja faktisch eine bessere Note als eine „Fünf" darstellt. Wenn die schlechte Note der Erwartung entspricht, kann sie sogar ein Zufriedenheitsgefühl auslösen, während die unverdiente, aber absolut bessere Note als ein Zeichen der Machtlosigkeit wahrgenommen wird. Frustration ist der Ausdruck, der kennzeichnet, dass die Psyche des Schülers einen „Machtverlust" im Sinne einer verhinderten Absicht hinnehmen musste. Apropos Machtverlust: Dieser will natürlich kompensiert sein und genau darin liegt der Reiz von Fernbedienungen, Feuerwerkskörpern, Waffen, Kampfhunden und Autoscootern. Mühelos mit größter Effizienz seinen Willen in die Tat umsetzen zu können, grenzenlos Absichten zu verwirklichen, ohne daran gehindert zu werden und ohne Aufwand – das ermöglicht Machtempfinden. Je mehr sich ein Mensch darin unterdrückt fühlt, desto größer ist sein Bestreben zur Rückerlangung seines Machtgefühls, und sei es auch nur, dass er vom Sessel aus über das eingeschaltete Fernsehprogramm herrscht oder zu Silvester die „halbe Siedlung sprengt".

Und damit haben wir auch bereits die Antwort auf die Frage, was einen Menschen zufrieden macht und was Glück im eigentlichen Sinne bedeutet. Angestrebt wird die *Erfüllung* seiner Absicht. Meist ist dies schlicht die Optimierung seiner Handlungsfähigkeit: Man wird reicher, mehr beachtet, geliebt, ist besser versorgt und so weiter. Zufriedenheit entsteht somit durch das Empfinden der *Übereinstimmung von Absicht und Erwartung!* Glück ist das *Übertreffen* dieser Erwartung.

„Machtgewinn" oder „Entwicklung bei größtmöglicher Sicherheit" könnte man dieses Bestreben nach Verwirklichung auch nennen. Fühlen wir uns am Machtgewinn gehindert, reagieren wir; wir können gar nicht anders, als zu versuchen, auf irgendeine Weise unser Glück zu erreichen. Doch dies geschieht oft mit Rückzug oder Stillstand, also mit Vermeidens- oder auch Trotzreaktionen. Zugunsten des geringeren Übels verzichten wir auf unsere Entwicklung und nehmen teilweise einen unglaublichen Leidensdruck in Kauf. So absurd das nun klingen mag, dies erklärt, warum es auch Menschen gibt, die durch Krankheit zufriedener werden, wie Ihnen ein jeder Schüler, der wegen einer Grippe eine verhasste Klassenarbeit nicht mitschreiben muss, bestätigen wird.

Nicht etwa Schmerzen oder der Verlust des Lebens ist es, was für die Psyche das Schlimmste ist, sondern der Verlust der Kontrolle über das Leben. Um diesen Kontrollverlust auf jeden Fall zu vermeiden, nehmen wir sogar unseren biologischen Tod in Kauf – Hauptsache, wir selbst konnten darüber entscheiden. Der Kontrollverlust ist gleichbedeutend mit Stress, und Stress ist in diesem Zusammenhang die Grenze der Entfaltung der eigenen Absicht.

Wir haben keine Wahl, ob wir auf eine Grenze reagieren – wir *müssen!* Doch hierfür haben wir dann gleich mehrere Möglichkeiten und Dosierungen zur Auswahl.

Sind Sie Vermeider oder Erreicher?

Wir können bei einer befürchteten Einschränkung unserer Entfaltung einerseits kapitulieren und den Rückzug antreten und würden damit der Grenze zwar ausweichen, hätten aber zugleich unsere primäre Absicht aufgegeben. Meist geht diese Defensiv-Strategie auch mit dem Zurschaustellen der eigenen Verletztheit einher und bekommt somit den Beigeschmack der emotionalen Erpressung, denn ein jegliches soziales Verhalten hat schließlich auch einen Adressaten, an den es sich richtet. Selbst wenn der Adressat nur noch in der unterbewussten Erinnerung existiert – irgendjemand soll „wissen", wie es uns geht. Wird der Rückzug nun zum Grundsatz, so eskaliert diese Strategie möglicherweise sogar im Suizid.

Im eigenen Kopf sitzt meist der Täter, dessen Widerstand wir auf Teufel komm raus meiden und daher alles in Kauf nehmen – auch den Verzicht auf angestrebte Ziele. Ich kenne zig Menschen, die ein trostloses Dasein am Rande des Existenzminimums und jenseits aller Lebensqualität fristen, nur um den Tätern im eigenen Kopf zu zeigen, was diese verbrochen haben. Löste man dieses Rachemuster auf, indem man den Betroffenen in die emotionale Lage und Rolle des „Täters" versetzt und sein Mitgefühl antriggert, verändert sich das Muster, und die Erfolgsstory beginnt.

Tatsächlich nehmen Menschen für das Gefühl der Entscheidungsfreiheit körperliche Einbußen bis hin zur Selbsttötung in Kauf. Die Motivation eines Selbstmörders ist nicht, seinem Umfeld seinen Freiraum zur Verfügung zu stellen, sondern immer eine Rückzugsreaktion auf eine als aussichtslos und unverschiebbar empfundene Grenze. Somit verhindert die Psyche die ultimative Machtlosigkeitserfahrung, indem sie weiteren Einschränkungen von außen zuvorkommt.

Wer sich selbst tötet, tut das, um dies den anderen vorwegzunehmen und zusätzlich zu zeigen, wie eingeschränkt man sich fühlt. Die Verwirklichungsfähigkeit unserer eigenen Absichten zu sichern oder das Erreichte zu erhalten, danach trachten alle Lebewesen von Geburt an – wir können gar nicht anders. Deswegen reagieren wir ja auch so empfindlich auf Einschränkungen und Rückschritte. Der Vermeider weicht der Grenze aus, Symptome hierfür sind alle autoaggressiven Krankheiten, alle chronischen Störungen, Rauchen, Übergewicht, Missbrauch von bewusstseinseintrübenden Drogen wie Alkohol, Cannabis und anderen.

Wir können aber auch unsere Energien bündeln und versuchen, ganz offensiv eine Grenze unserer Absicht einzureißen – das rächt sich meist und würde im Extremfall in totaler Vernichtung eskalieren. Die Fäuste ballen und auf den Tisch hauen, jemanden anbrüllen oder bedrohen, das ist offensiv, aber leider nicht nachhaltig, denn es zieht meist Rache, Boykott oder Sabotage nach sich. Das möchte ich kurz erklären:

Ein Offensiver ist jemand, der versucht, seine empfundenen Grenzen taktisch auszuweiten. Ein solches Verhalten finden wir beispielsweise bei vielen traditionellen totalitären Herrschern, bei vorsätzlichen Straftätern sowie grundsätzlich bei allen Menschen, die uns einschüchtern wollen. Wütende Menschen fühlen sich fremdunterdrückt, machtlos und hilflos und versuchen, durch Jähzorn ihre Beschränkungen niederzureißen. Je cholerischer ein Mensch auf Sie reagiert, desto mehr zeigt er Ihnen, dass er Minderwertigkeitsgefühle hat und sich von Ihnen dominiert oder eingeschränkt fühlt. Vielleicht hilft Ihnen bereits diese Information, um im Umgang mit cholerischen Menschen künftig etwas gefasster und gelassener zu bleiben?

Diese Offensive der Wüteriche und Polterer ist meiner Ansicht nach somit ebenfalls keine Strategie, die von nachhaltigem Erfolg gekrönt ist. Widerstände mit offensiver Gewalt zu überwinden ist zwar kein Vermeiden, aber ein automatisches Erreichen ist hier ebenso nicht möglich, denn was passiert, wenn die Offensive nicht aufrecht gehalten werden kann? Wenn der Despot also durch Krankheit oder anderen Kontrollverlust geschwächt ist und seine Kontrolle nicht ausüben kann? Dies würde einer Rachereaktion seiner Opfer Tür und Tor öffnen. Ein Straftäter, dem es nicht gelingt, seine Situation unter Kontrolle zu halten, würde durch die Justiz an seiner Entfaltung oder gar der Teilnahme am gesellschaftlichen Leben gehindert. Nach dem Motto „Ist die Katze aus dem Hause, tanzen die Mäuse auf dem Tisch“ würde auch ein Firmenchef, der durch strukturelle Gewalt, Kontrolle und Druck versucht, sein Unternehmen zu „leiten“, sich nicht darauf verlassen können, dass alle Angestellten genau in seinem Sinne weiterarbeiten, wenn er einmal ersatzlos ausfällt. Dennoch wählen viele Menschen mit Führungsaufgaben noch diesen Weg der Einschüchterung mangels Wissens und Erfahrung. Dabei weiß jeder, dass Druck zunächst Gegendruck erzeugt und damit ein lösungsorientiertes und kongruentes Miteinander schon fast ausgeschlossen ist.

Die Offensiv-Strategie ist in unserer Epoche so tief verwurzelt, dass es kaum noch einer zu merken scheint, wenn er sie anwendet. Motivationstrainer ermuntern einen zum Gebrauch der Offensive: „Setz dich mal durch!“, „Hau mal mit der Faust auf den Tisch!“, „Sag denen mal ordentlich deine Meinung!“, das sind alles Sprüche, mit denen der Klient in den Kampf geschickt wird – und danach die blauen Augen abbekommt. Es dankt Ihnen keiner, wenn Sie auf den Putz hauen und anderen zeigen, dass Sie sie für Idioten halten.

Sie bekommen vielleicht ein paar Tage lang Ihre Ruhe, aber keinen Frieden. Sobald der von Ihnen Zurechtgewiesene sich erholt hat, schlägt er wieder zu. Irgendwann soll einmal ein kluger Mann gesagt haben: „Ihr habt gehört, dass gesagt ist: ‚Auge um Auge und Zahn um Zahn'. Ich aber sage euch: Ihr sollt dem Bösen nicht widerstehen; sondern wenn dich jemand auf deine rechte Backe schlägt, so biete ihm auch die andere dar …!" Und so geht das noch ein paar Zeilen weiter, denn Kampf kann man nicht mit Kampf beenden.

Es gibt aber einen Ausweg, falls Sie einmal unter Druck gesetzt werden:

Einem Menschen, der Sie einschüchtert, also bedroht, anschreit oder mobben will, begegnen Sie ganz einfach damit, dass Sie ihm den geforderten Freiraum zugestehen. Geben Sie nach. Wenn Sie dies nämlich bewusst und absichtlich tun, ist es für Sie keine Einschränkung Ihrer Freiheit mehr, sondern gewollt und damit die einzige Möglichkeit, mit von außen gesetzten Grenzen konfliktfrei umzugehen, nämlich sie zu akzeptieren und damit zu integrieren und auch keinen Gegendruck zu erzeugen. So wird die Beschränkung nicht länger als Machtlosigkeitserfahrung wahrgenommen, sondern als *freie Entscheidung*. Sie *akzeptieren* die Grenze und können diese somit von innen heraus verschieben. Das hat den immensen Vorteil, dass Sie Ihren neuronalen Hauptspeicher nicht mit „Scharmützeln" blockieren, sondern für Ihre wirklichen Wünsche frei haben.

Wenn Sie dann noch herausfinden, was Ihr Gegenüber tatsächlich mit seinem Verhalten bezwecken will, und ihm auch noch behilflich sind, dies zu erreichen, sind Sie ein Virtuose in Möglichkeit drei, der *Akzeptanz.* Dies ist das Erkennen der Sinnhaftigkeit einer Grenze, um diese dann strategisch zu verschieben. Dafür braucht man etwas, das Sie als Kind noch nicht haben konnten: Reife, Kommunikationsfähigkeit und Empathie (das Hineindenken in die Gefühle eines anderen). Die beiden letzteren Eigenschaften können sich ab dem Erreichen des Erwachsenenalters zu Diplomatie entwickeln. Dies ist die Fähigkeit, sich derart in die Bedürfnisse und Absichten eines anderen hineinzuversetzen, dass man das übergeordnete gemeinsame Ziel erkennt und es nach gegebener Möglichkeit widerstandslos ansteuern kann. Wer sich von Ihnen verstanden und bereichert fühlt, hört sofort auf, gegen Sie zu kämpfen.

Sie müssen diese Strategie allerdings bis zum guten Ende durchhalten. Wenn Sie einknicken und trotz aller Bemühungen gereizt reagieren, bricht das Kartenhaus des Friedens zusammen. Auch sollten Sie natürlich dem Wertesystem des anderen entsprechen, sonst sind Sie als Anerkennungsquelle unglaubwürdig. Wenn Sie nicht authentisch sind, geht jeder Friedensversuch nach hinten los. Also: Cool bleiben und dem anderen Wertschätzung, Interesse und Respekt entgegenbringen. Dann lässt er die Grenze fallen. *Sprichst du die Sprache des Feindes, so wird er dein Freund!* Das gilt für alles und jeden.

Übrigens: Egal für welche der drei Strategien Sie sich entscheiden, die beiden unreifen Offensive und Defensive oder die mündige Akzeptanz – in jedem Falle haben Sie dafür einen Preis zu zahlen. Immer. Doch nur mit einer Möglichkeit werden Sie keine weiteren Grenzen provozieren und sichern sich einen nachhaltigen Erfolg.

Zusammenfassend kann man sagen: Schmollen, wüten oder akzeptieren – Sie haben die Wahl. Erwarten Sie eine Entfaltungsgrenze, werden Sie zum Vermeider; glauben Sie an die Überwindbarkeit (und damit an den Wegfall) einer Grenze, so werden Sie zum Erreicher.

Der Fall der Berliner Mauer im Jahre 1989 ist hierfür ein sehr gutes Beispiel. Die Bürger der DDR sahen, dass durch die geänderten Ausreisebestimmungen in Ungarn die 40 Jahre alte Grenze plötzlich als überwindbar wahrgenommen wurde – das löste eine psychologische Kettenreaktion aus. Plötzlich wurde vielen klar: Der eiserne Vorhang ist durchlässig – egal, wo er hängt. Der Fall der Mauer rückte in greifbare Nähe. Wenn die Psyche einmal an der Möglichkeit zur Entfaltung geschnuppert hat, wird sie diese Möglichkeit niemals wieder preisgeben. Das ist für das Erfolgscoaching ein ganz wichtiger Faktor: Reifeschritte lassen sich nicht mehr rückgängig machen. Sobald Sie auf Ihrem tatsächlichen Erfolgsweg sind, geht es immer weiter.

Kontrolle ist gut – Selbstvertrauen ist besser

Eine nachhaltige Erreichensstrategie ist also dadurch gekennzeichnet, dass Sie ein emotional relevantes Ziel ansteuern und alles dafür in Kauf nehmen, was es benötigt, um dieses Ziel zu erreichen. Das kontrollierte Vermeiden bringt Stillstand, bestenfalls Stabilität, aber keine langfristige Erfolgsentwicklung. Nachhaltigkeit ist nämlich nur dann gegeben, wenn das In-Kauf-Nehmen keine weitere unüberwindbare Grenze erzeugt. Das, was Sie tun, sollte von anderen nicht sabotiert werden. Hierfür bedarf es zwar Selbstvertrauens, doch damit sind wir von Geburt an ausgestattet. Mit Selbstvertrauen haben Sie als Kleinkind laufen und sprechen gelernt: Sie mussten nicht, Sie wollten und haben dafür mit höchster Risikobereitschaft (unterbewusst) alles in Kauf genommen. Hätten Sie Ihr Handeln angstvoll und rational kontrolliert, also sich vorher überlegt, mit welchen Muskelbewegungen Sie am besten die Balance halten, und hätten Sie in Betracht gezogen, dass Sie sich beim Versuch zu laufen den Schädel brechen könnten, würden Sie heute noch als Erwachsener auf dem Boden krabbeln! Angst vor Kontrollverlust, die Erfolgsbremse schlechthin, erzeugt viele körperliche und psychische Symptome, wie etwa Schlafstörungen, Spinnen- und Hundephobie, Zwangshandlungen oder sogar optische Fehlsichtigkeit. Oftmals erkennen Sie sehr kontrollierte Menschen an einer tiefen senkrechten Stirnfalte über der Nasenwurzel – in die Haut eingegraben durch das stetige konzentrierte Zusammenziehen der Augenbrauen.

Angst vor Kontrollverlust ist immer eine Folge von frühkindlicher Traumatisierung, die durch ein späteres Ereignis eine Bestätigung findet. Somit wird ein Verhaltensmuster generiert, welches generell die Wiederholung einer Traumatisierung vermeiden soll. Angst sorgt also dafür, dass Sie sich selbst vorsichtshalber daran hindern, potenzielle Fehler zu begehen oder zu wiederholen – und damit auch keinen bewussten Erfolg erreichen können. Wenn Sie beim Bogenschießen den Pfeil nicht loslassen, aus Angst, das gewünschte Ziel nicht zu treffen, dann treffen Sie zwar nichts Falsches, aber eben auch überhaupt kein Ziel. Ihr unterbewusster Erfolg besteht jedoch dann darin, eine Fehlersituation vermieden zu haben. Was für ein zweifelhafter Erfolg – aber dieser ist Ihnen sicher! Selbstvertrauen ist die Basis, auf der erfolgreiche Menschen ihr Ziel erreichen, doch die wird uns „aberzogen". Selbstvertrauen heißt, sich selbst zuzutrauen, dass man über die nötigen Fähigkeiten verfügt, wenn es darauf ankommt. Der Bogenschütze Andreas Gotthardt bestätigt diese Vermutung: Er ist 53-facher Deutscher, 6-facher Europa- und 5-facher Weltmeister. Außerdem ist er amtierender Hallenweltrekordhalter in seiner Bogenklasse. Sein Erfolgsrezept: Bloß die Nerven behalten, wenn es schwierig wird! Was man will, wird man auch erreichen, wenn man sich innerlich vorbereitet fühlt. Man darf sich im entscheidenden Moment nun mal nicht ablenken lassen. Seine unglaublichen Erfolge geben ihm recht. Ich habe für mein Business-Coaching-Seminar eine Trainings- und Erlebniseinheit entwickelt, bei der die Teil-

Vertrauen als Investition in Mitarbeiter

Das folgende Beispiel stammt von meinem Freund und Branchenkollegen Carsten Beyreuther aus Berlin. Als Coach und einer der erfolgreichsten Verkaufstrainer im deutschsprachigen Raum hat er natürlich, wie jeder andere Unternehmer auch, Mitarbeiter zu führen. Nun weiß ich, dass Carsten kein Chef der alten Schule im Sinne von „Vertrauen ist gut, Kontrolle ist besser" ist und seinen Leuten ständig hinterherspioniert, sie in ihren Befugnissen beschränkt und ihnen auf die Nerven geht, sondern er macht es genau andersherum. Sein Mittel der Wahl, um Menschen zu führen, zu motivieren und sich ihrer Loyalität zu versichern, lautet: *Vertrauen*. Das spricht mir aus der Seele, daher hier sein Beitrag:

Carsten erzählte mir von einem jungen Mann, den er kannte und dessen Leben vor Jahren etwas aus den Fugen geraten war. Nicht unbedingt mit dem Gesetz, aber doch wohl so ziemlich mit allen Regeln einer gutbürgerlichen Gesellschaft in Konflikt geraten, schien es für den 18-Jährigen absolut aussichtslos, jemals eine verantwortungsvolle Stelle in irgendeinem renommierten Unternehmen zu bekommen. Und was ihm seine Biografie nicht verbaute, dem gaben seine Schulnoten den Rest. Aufgewachsen ohne Vater lernte der Junge, dass das Leben voller Frust, Wut und chancenlos zu sein schien.

nehmer mit verbundenen Augen einen Pfeil ins Ziel schießen. Meist mit großer Treffsicherheit. Geschossen wird mit einem Compound-Bogen, einem speziellen Flaschenzug-Sportbogen, der den Pfeil auf über 220 km/h beschleunigt. Das Loslassen, also das Selbstvertrauen, ist dabei das Wichtigste, sonst verreißt man den Pfeil, und er fliegt irgendwohin, nur nicht ins Ziel.

Nun aber geht Carsten Beyreuther davon aus, dass jeder Mensch ein großes Potenzial besitzt, welches man nur zu erkennen und zu fördern braucht, und dass außerdem jeder Mensch Respekt, Vertrauen und Anerkennung benötigt, um dieses Potenzial zu entfalten. Da der Unternehmer ohnehin gerade auf der Suche nach einem Assistenten der Geschäftsleitung war, fällte er eine, wie ich finde, sehr mutige Entscheidung: Er stellte den jungen Mann ein und übergab ihm die volle Prokura. Er ist sprichwörtlich „all in“ gegangen, denn der Junge war nun von ihm ausgestattet mit dem Zugriff auf die Kreditkarten und Geschäftskonten und hätte nun damit schnell auf sehr dumme Gedanken kommen können. Doch dem war nicht so: Durch dieses überaus große Maß an Vertrauen fühlte der neue Mitarbeiter sich derart wertgeschätzt, dass er diesen Bonus einfach nicht verspielen wollte, und entwickelte sich, wie Carsten Beyreuther es vorausgesagt hatte, zu einem zuverlässigen und loyalen Mitarbeiter, der noch bis heute eine verantwortliche Stelle bekleidet.

Das ist meines Erachtens ein gutes Beispiel dafür, dass es sich lohnt, in einen Mitarbeiter menschlich zu investieren. Ein hohes Maß an Selbstvertrauen seitens der Unternehmensführung ist allerdings eine wichtige Vorbedingung dafür.

Vielleicht beruhigt es Sie, dass die wirklich wichtigen Dinge im Regelfall fehlerfrei vom Gehirn ausgeführt werden. So geht ein geistig gesunder Mensch üblicherweise niemals ohne Kleidung aus dem Haus – bekleidet zu sein ist meist nicht lebensnotwendig, aber in sozialer Hinsicht unumstritten wichtig. Ein emotional höchst relevantes Ziel eben. Wie man die Wichtigkeit einer Sache erkennt und gegebenenfalls verändert, hängt sehr davon ab, was Sie erreichen wollen. Je mehr Sie sich selbst zutrauen, ein Ziel zu erreichen, desto greifbarer wird es natürlich.

Die meisten Menschen sind im Laufe der Kindheit von ehemaligen *Erreichern* zu *Vermeidern* geworden, eben weil die meisten Ziele durch kindliche Beschränkungen unerreichbar erschienen. Der bekannte Gehirnforscher Professor Manfred Spitzer erläutert in seinem beliebten Vortrag „Lernen. Die Entdeckung des Selbstverständlichen"[1], dass wir als Kinder in Formeln lernen, also sehr zum Generalisieren neigen. Das mag daran liegen, dass Formeln und Regeln wesentlich weniger Datenvolumen haben als komplexe Inhalte, wir daher weniger neuronale Verschaltungen brauchen und hierdurch leichter lernen. So glauben viele Menschen noch als Erwachsene, dass Autoritäten eine Handlungsbeschränkung bedeuten – und nicht etwa eine Chance zur Entfaltung. Ein Beispiel hierfür ist die Nervosität, die viele Menschen verspüren, wenn sie von einem Uniformträger angesprochen werden, selbst wenn diese zum eigenen Schutz arbeiten. Autoritäten erzeugen aufgrund unserer Kindheitserfahrungen oft ein schlechtes Gewissen. Ein entsprechender Glaubenssatz wäre durch ein kleines „Software-Update", das Ihnen Ihre Handlungsmöglichkeiten aufzeigt, glücklicherweise wieder korrigierbar. Daher werden wir im folgenden Kapitel Ihre eigenen Motivatoren überprüfen.

Was motiviert Sie, was bremst Sie aus?

Nun wissen Sie, dass Sie gar nicht anders können, als ein absolut wichtiges Ziel zu erreichen. Nebenbei bemerkt, damit ist auch klar, dass es keine Willensschwäche oder -stärke gibt, sondern lediglich das Unvermögen, sein absolut wichtigstes Ziel zu erkennen. *Absolut wichtig* ist in diesem Sinne alles, was Ihnen *emotional* wichtig ist. Für diese Ziele brauchen Sie weder Disziplin noch einen guten Vorsatz. Auch der Startschuss ist meist schon gefallen, wenn Sie sich dieses Zieles bewusst geworden sind und Sie alles dafür in Kauf nehmen, um es zu erreichen. Doch allein die Formulierung „alles in Kauf nehmen" weckt bei vielen Menschen schon Unbehagen. Das liegt meist an frühkindlichen Frustrationserlebnissen, aufgrund derer der Glaubenssatz „Versuch kann schmerzen und Schmerz muss vermieden werden" zustande kam. Alle Betroffenen werden wahrscheinlich nun denken: „Ja, aber das stimmt doch auch!" Und ich gebe Ihnen sogar recht. Doch dieses galt nur für Ihre Kindheit. Mittlerweile sind Sie aus dem Versuchsstadium heraus und vor allem wissen Sie, selbst wenn Sie einmal etwas Leidvolles erfahren: Es hat selten nachhaltige Konsequenzen. Schmerzen vermeiden zu wollen ist für einen Menschen jenseits der Kindheit ohnehin völlig nachgeordnet, wie Ihnen jeder, der sich einmal beim Juwelier ein Ohrloch hat stechen lassen, beim Zahnarzt operiert worden ist oder sich beim Sport einen Muskelkater zugezogen hat, beweist.

Es lohnt sich also gar nicht, Beschränkungen, Begrenzungen und Schmerzen um jeden Preis zu vermeiden. Ran an die Grenzen!, sage ich, ... und es darauf ankommen lassen, ob die wirklich so schlimm sind!

Natürlich muss man zunächst herauszufinden: Was ist es eigentlich so ganz genau, was einen selbst ausbremst? In den häufigsten Fällen sind es eben die genannten generalisierten Erfahrungen aus der frühesten Kindheit. Ich gehe sogar so weit und behaupte, dass ein reflektierter Erwachsener wahrscheinlich gar keine neuen Angstmuster generieren kann. Aus dem einfachen Grunde, weil er seine Entfaltungsgrenze rational genau erfassen kann.

Er hat beispielsweise nach einem Hundebiss keine Angst vor Hunden im Allgemeinen und scheut auch nicht generell plötzliche Überraschungen, sondern nimmt sich schlimmstenfalls künftig vor dem einen besonderen Hund, der ihn gebissen hatte, in Acht. Es sei denn natürlich, der Hundebiss bestätigte ein bisheriges latentes Muster, welches durch eine Kindheitserfahrung generiert, doch bislang noch nicht „abgerufen" wurde. Ein solches Muster würde durch die Wiederholung der schmerzhaften Erfahrung bestätigt (getriggert).

Blockierende Glaubenssätze, Angstmuster und Erfolgsverhinderer haben ihren Ursprung dort, wo der größte emotionale Einfluss auf einen Menschen eingewirkt hat. Meist sind es die eigenen Eltern, die in der frühesten Kindheit ihrem Nachwuchs zu verstehen geben, dass sie sich auf gar keinen Fall mit ihren eigenen Fähigkeiten und Interessen verwirklichen dürfen, sondern bestenfalls mit gesellschafts- und regelkonformen Vorgaben.

Schnell machen Kinder die Erfahrung, dass ihre eigenen Ansichten, Bedürfnisse und Meinungen nicht geduldet sind und negativ sanktioniert werden. Die gängige und vorherrschende Untertanenerziehung, wie sie diese Leistungsgesellschaft einfordert, ist nun einmal keine gute Startposition, um mühelos erfolgreich zu werden.

Je mehr wir in der Lage sind, unsere generalisierten Muster genau zu erkennen, desto angstfreier werden wir. Durch *Konkretisierung* werden aus ehemaligen Mustern nun spezifische Ereignisse, die sich genau fassen lassen. Ich halte Angstfreiheit für eine der wichtigsten Vorbedingungen für das Erreichen von Erfolgen. So glaube ich, dass die Psyche es bevorzugt, Angst durch Vorsicht, Besonnenheit, Wissen und Risikobereitschaft zu ersetzen.

Angstfreiheit ist kein Leichtsinn, sondern bietet eine Kontrollmöglichkeit einer konkreten Situation.

Damit sind wir bei einem ganz entscheidenden Faktor. Immer wieder höre ich von meinen Kunden so etwas wie: „Unsere Firma hatte ein ganzes Wochenend-Seminar mit einem Motivationsexperten gebucht. Darin hieß es immer: ‚Mach dies, mach das! So einfach ist das!' – und dann scheitert alles an der Praxis." Oder: „Wie soll ich meinem Vorgesetzten denn Änderungen vorschlagen, wenn der immer nur antwortet: ‚Dafür haben wir kein Geld, keine Zeit, keine Möglichkeit, keine Ressourcen!'" Spätestens hier wird dann der Unterschied zwischen einer Beratung und einem Coaching zur Generierung von Erkenntnissen deutlich. Sie brauchen natürlich das konkrete Wissen darüber, warum Sie sich bislang nicht zu empfundenen Missständen und Problemen geäußert haben und wie Sie dies künftig tun, ohne Widerstand zu erzeugen. Der Grund, sich zurückzunehmen, seine eigene Entfaltung zurückzuhalten oder einfach nur den Mund zu halten, ist meist der gleiche: die Befürchtung von Zurückweisung. Die Quelle dieser Angst ist die früheste Kindheit, denn, wie schon gesagt, erwachsene Menschen können wahrscheinlich gar keine neuen Ängste generieren. Ängste stammen aus der Zeit, in der wir tatsächlich noch machtlos waren, aus den ersten drei Jahren unseres Lebens (ab Zeugung). Danach beginnt unsere Fähigkeit zur Zeit- und Identitätswahrnehmung zu erwachen, womit wir zunehmend in der Lage sind, ein Ereignis zeitlich zu isolieren und auch im Zusammenhang zu sehen. Wenn Sie also ganz risikobereit einmal prüfen, ob sich Ihre Befürchtungen wirklich bewahrheiten, bekommen Sie meist ein anderes Ergebnis, als Ihr bisheriges Wahrnehmungsmuster Ihnen prognostiziert hatte. Wir sind oftmals nur aufgrund unserer Erfahrungen darauf konditioniert zu denken, dass Autoritäten (das sind meist unterbewusste Vertreter unserer Eltern, also unserer Ur-Autoritäten) unser Leben einschränken.

Vielleicht kennen Sie das sogenannte *Vision-Board?* Das ist ein „Erfolgsinstrument", welches von einigen amerikanischen Autoren angepriesen wird. Man nehme einen großen Bogen Papier und klebe all seine Wunsch-Ikonen darauf: ein Foto von der Villa, in der man leben möchte, einen aus der Illustrierten ausgeschnittenen Sportwagen, eine Postkarte von einem Yachthafen oder eine selbst gebastelte Goldmedaille. Dann schaue man sich diese Collage tagtäglich an und fühle sich in all die schönen Besitztümer und Errungenschaften hinein, so lange, bis man damit eins wird. Und schon, ehe man sich versieht, wohnt man in der Villa mit dem Sportwagen vor der Tür. Das Gesetz der Anziehung sorgt dafür, so heißt es. Jetzt gibt es hierzulande aber leider einen Faktor, den die Lebensberater und Bewusstseinsforscher aus Übersee offenbar nicht kennen: das Schuldgefühl! Die deutsche Mentalität unterscheidet sich wesentlich in diesem Punkt von der amerikanischen! Unsere Geschichtsbücher, Medien und damit auch unsere Eltern lehren uns, wir als die ewigen Kriegsverlierer hätten nicht von großen Zielen zu träumen, keine Forderungen zu stellen und könnten froh sein, im abhängigen Angestelltenverhältnis tun zu dürfen, was man von uns verlangt. Wir sollen gar nicht erst daran denken, alles zu bekommen, was wir uns wünschen, denn damit beleidigen wir nicht nur unsere hart arbeitenden Eltern, sondern ziehen zudem den Argwohn des gesamten Systems auf uns. Da können Sie noch so sehr in Ihrem imaginären Sportwagen herumflitzen, wenn Ihr Nachkriegs-erzogener Vater in Ihrem Kopf Sie damit für einen bornierten Schnösel hält, werden Sie niemals einen solchen Wagen lenken – oder ihn zumindest schnell wieder zu Schrott fahren. Das tatsächliche Ziel (keinen moralischen Diskurs über Werte mit dem Vater zu führen) wird von Ihrem Gehirn präzise erreicht.

Anderes Beispiel: Selbst wenn Sie gelegentlich nichts dagegen hätten, sich für Sex bezahlen oder durch ein fürstliches Geschenk entlohnen zu lassen (vielleicht, um sich einen Wunsch zu erfüllen) – Ihre Mutter in Ihrem Kopf schiebt dem einen gehörigen Riegel vor und beeinflusst damit Ihren Finanzstatus (Sie kennen diese Blockade sicherlich, obwohl Sie doch wahrscheinlich weder Sex noch Geld oder gar Anerkennung ablehnen). Sich für Sex bezahlen lassen? Das kommt ja nun mal gar nicht infrage! Ich kenne einige Menschen, die sich für etwas bezahlen lassen, das ein Teil der Gesellschaft zutiefst verachtet, und die damit dennoch sehr zufrieden und erfolgreich sind: Boxer, Tabakhändler, Börsenmakler, Computerspieler, Missionare ... die Liste ließe sich noch fortführen. Nein, nur was der Moral der Eltern entspricht, ist erlaubt!

Also raten Ihnen Finanzexperten und Bankberater, Sie sollen Ihr Geld „arbeiten lassen“, was nichts anderes bedeutet, dass Sie es jemand anderem wegnehmen, der die gleiche Hoffnung hatte wie Sie. Das aber wiederum ist offenbar moralisch in Ordnung: jemanden in den Ruin schlittern zu lassen, Hauptsache, man verdient daran. Hier protestieren unsere Eltern und Autoritäten gewöhnlich nicht. Aber wehe, Sie versuchen, Geld für etwas zu bekommen, womit die Eltern moralisch nicht übereinstimmen, dann wird es ungemütlich.

Dass unsere Träume verhindert werden, ist ja nur das eine Problem; ein anderes ist, dass wir von unseren Erziehern im eigenen Kopf (da können die leibhaftigen Eltern schon längst auf dem Friedhof liegen) wiederum für ein erfolgloses Dasein gerügt werden. Eltern hätten gerne, dass ihre Sprösslinge in einer Art erfolgreich werden, die sie ihnen selbst vorschreiben. Das funktioniert aber in der Regel nicht. Ich erinnere mich an eine Frau, die wollte Malerin werden, musste aber die väterliche Firma übernehmen und Bauunternehmerin werden. Sie hat zwar eine Menge Geld verdient, war aber menschlich echt ungenießbar. Eine solch verbitterte und vergrämte Frau habe ich selten erlebt.

Ein anderer Fall: Ein wirtschaftlich erfolgreicher Versicherungsmakler wäre für sein Leben gern Fußballer geworden und hätte auch das Zeug dazu gehabt. Aber der eigene Vater, dessen Büro der junge Mann fortführen sollte, saß ihm mit Vorwürfen und Belehrungen dermaßen im Nacken, dass der Mann sich eine schwere Sportverletzung zuzog und aufgrund dessen niemals in die Profiliga aufsteigen konnte. Das Ende vom Lied: Er war zwischenzeitlich ein latent wütender Nörgler, der seinen Mitmenschen stets auf die Füße trat, bis ich ihm in einem Coaching gezeigt habe, wie man sich konfliktfrei abnabelt.

Ein häufiger Preis für den mühelosen Erfolg ist, dass falsche Freunde entsetzt aus Ihrem Leben verschwinden. Aber was wollen Sie mit Menschen, die ohnehin nicht zu Ihnen passen?

Also noch einmal: Ran an die Blockaden und weg mit den Mustern und Grenzen! Das Leben ist zum Leben da!

Ehrgeiz

Habe ich damit Ihren Ehrgeiz geweckt? Vielleicht. Zumindest spüren Sie: Man kann Ihren Ehrgeiz nicht wecken, indem man Sie kritisiert, erniedrigt, zurückweist und drillt, so wie wir es aus Armee-Ausbilder-Filmen wie etwa Stanley Kubricks „Full Metal Jacket“ (1987) kennen. Erniedrigung als Motivation? Da steht keiner drauf. Und wenn doch: Herzlichen Glückwunsch! Sie haben dann offenbar innerhalb der ersten 36 Monate Ihres Lebens erfahren können, dass nach einem Schreck alles wieder gut wird, dass Sie eine Chance haben, Ihr eigenes Fortkommen zu erzeugen oder aber dass Sie Autoritäten nicht automatisch fürchten müssen. Dies ist in unserer Gesellschaft allerdings eher selten der Fall. Die meisten Menschen lassen sich durch Überforderung, Misshandlung und Ablehnung einschüchtern und entwickeln keinen Ehrgeiz, sondern Fluchtverhalten, gar Rückzug in psychische Störungen. Dennoch sind natürlich die Ratgeber-Bücher voll von Versuchen, Ihren Ehrgeiz zu wecken. Der Grat zur Entmutigung wird, je nach Leserpersönlichkeit, dabei jedoch schnell überschritten. Ehrgeiz ist vergleichbar mit Leistungssport: Eine 100-Kilo-Hantel tragen Sie nur, wenn Sie vorher die dazu notwendigen Muskeln aufgebaut haben. Man kann Sie offenbar nur durch Bevormundung bzw. Dominanz ermutigen, wenn Sie vorher die Erfahrung gemacht haben, Grenzen auch überwinden zu können. Ansonsten treten Sie statt aufs Gas auf die Bremse oder legen gar den Rückwärtsgang ein. Die Psyche akzeptiert keine wirklichen Grenzen.

Anstrengung und Disziplin

Der bekannte amerikanische Motivationstrainer Larry Winget betont in seinem Buch „Goodbye Pleite, hello Luxus“[2] immer wieder, wie wichtig es ist, unermüdlich, diszipliniert und hart zu arbeiten, wenn man vermögend werden will. Dies scheint tatsächlich eine Art amerikanische Tugend zu sein. Doch dass es sich hierbei nur um einen falschen Glaubenssatz handelt, beweist ausgerechnet eine Amerikanerin. Die nach eigenen Angaben damals 28-jährige Phoebe Price gehörte vor Jahren zu den am meisten fotografierten Frauen in Hollywood, obwohl sie weder eine namhafte Schauspielerin noch ein berühmtes Fotomodell noch eine Promi-Ehefrau oder Ähnliches ist. Die Presse spottete: „Who is Phoebe Price?“ – und fotografierte bereits drauflos, als sie das allererste Mal über den Hollywood Boulevard stelzte. Ihre Strategie, immer wieder in einigen Magazinen zu landen und dafür einige Hunderttausend Dollar zu kassieren, lag darin, stets die Paparazzi auf sich aufmerksam zu machen. Sei es mit ihrer wallenden roten Haarpracht, ihrem plastisch operierten Körper oder einmal mit aufgesetzten, übertrieben großen Plastiklippen im Gesicht. Phoebe Price schaffte es immer wieder, Fotografen um sich zu scharen – und sei es auch nur, weil die echten Promis sich auf dem Boulevard gerade wieder rarmachten und die Magazine schließlich über irgendetwas schreiben mussten. Mit harter Arbeit hat das nichts zu tun, eher mit geschickt inszenierter Selbstdarstellung. Das ist zwar nicht jedermanns Sache, aber es funktioniert.

Die Ex-Frau von Musikproduzent Dieter Bohlen, Verona Pooth, sowie Christoph Gottschalk, Bruder von Fernsehmoderator Thomas Gottschalk, belegen ebenfalls beispielhaft die Ungültigkeit des Glaubenssatzes von harter Arbeit: Sie beide profitieren davon, als Angehörige von Prominenten, dabei ohne jegliches künstlerisches Eigentalent, Einkommen durch „verliehenen Bekanntheitsgrad“ als Werbeträger zu generieren.

Auch Erfolgsproduzent Dieter Bohlen beschreibt in seinem Buch „Der Bohlenweg. Planieren statt sanieren“[3] zwar, wie wichtig harte Arbeit sei – um im gleichen Atemzug in 29 Kapiteln zu beschreiben, dass es die kompromisslose Entfaltung der eigenen Persönlichkeit mit all ihren Talenten ist, die einen Menschen zum Erfolg bringt. Also nix mit harter Arbeit, sondern Erfolg durch Entfaltung! Gerade Dieter Bohlen ist durch eine bewundernswerte Zielstrebigkeit, motiviert durch den unerschütterlichen Glauben an sein eigenes Talent, zu einem der erfolgreichsten Musikproduzenten weltweit geworden. Und das, obwohl es Absagen auf seine Musikeinreichungen zunächst nur so hagelte.

Der israelische Mentalist Uri Geller verdiente sein Vermögen nicht so sehr mit dem „geistigen Verbiegen“ von Suppenlöffeln, für das er wohl bei den meisten Menschen bekannt ist, sondern vor allem durch das Aufspüren von Ölquellen und Diamantenminen. Wer sich nun den Mentalisten ölverschmiert und verschwitzt mit einer Spitzhacke in der Hand vorstellt, irrt. Geller schreibt in seinem Buch „Die Macht des Geistes“[4]: „Alles, was Sie für ein erfolgreiches Leben brauchen, ist positives Denken, Energie und die richtige Ausrichtung Ihrer geistigen Kräfte.“ Geller zitiert in seinem Buch den amerikanischen Milliardär Saul Steinberg mit den Worten: „Für mich ist das Geschäftsleben pure Entspannung.“

Der bekannte Ratgeber-Autor Kurt Tepperwein hält Anstrengung ebenfalls für den falschen Weg zum Erfolg. In seinem Buch „Intuition – die geheimnisvolle Kraft“[5] finden wir: „Machen Sie es sich doch genauso leicht! Glauben Sie denn, es sei verdienstvoller, es sich schwer zu machen? Sie bekommen dafür vom Lieben Gott keinen Orden! Eher ist das Gegenteil der Fall: Sie kommen in den Himmel und Petrus schlägt in dem dicken Buch nach: ‚Ach, du bist das, der es sich im Leben so schwer gemacht hat! Nein, das war wohl noch nichts, da musst du noch ein bisschen üben: Da fehlt nämlich die Lektion ‚Die Leichtigkeit des Seins'. Also noch eine Runde!' Und dann drehen Sie eine Ehrenrunde! Man könnte auch sagen: Sie sind sitzen geblieben." Was Kurt Tepperwein hier humorvoll beschreibt, ist leider ein ernster Umstand. Ich persönlich kenne eine Menge Menschen, die ihr Leben als Last und Qual empfunden haben – nicht einer von denen war besonders erfolgreich im Sinne von mühelos zufrieden und glücklich; zudem litten sie alle an rätselhaften biografisch bedingten Krankheiten wie Trigeminusneuralgie, Morbus Bechterew, Darmkrebs und so fort.

Denken Sie nun für eine Minute einmal an die erfolgreichsten und zufriedensten Menschen, die Sie *persönlich* kennen. Wie viele von denen hassen die eigene Arbeit? Wer von denen leidet darunter, seinen Job machen zu müssen? Niemand? Na bitte!

Es gilt jedoch in unserer Gesellschaft noch immer als schick, über seine Arbeit und seine Arbeitgeber zu maulen und zu meckern – so lange, bis man zu der Erkenntnis gelangt, dass Arbeit eine Möglichkeit zur Wunscherfüllung sein kann.

Weshalb Anstrengung und Disziplin den Erfolg so sabotieren können, liegt an einem komplexen hirnphysiologischen Zusammenhang. Disziplin lässt sich nicht lange aushalten. Die Fähigkeit dazu ist hauptsächlich im linken Großhirn angesiedelt (Broca-Zentrum, Wernicke-Zentrum). Damit ist sie in Regionen des Gehirns verortet, die unter anderem auch für unsere Sprache zuständig sind und die wir direkt, absichtlich und im Wachbewusstsein fast permanent benutzen können.

Hierdurch kann bei Überbeanspruchung – auch unterbewusster – eine solche Sauerstoffschuld entstehen, dass unser eigenes Gehirn uns eine Art „Abschaltsignal" sendet. Dieses Signal empfinden wir als Überforderungsgefühl und somit als ein Alarmzeichen, ähnlich wie Durst oder Schmerz. Es soll uns zu einer Verhaltensänderung bewegen. Folgen wir dieser körperlichen „Empfehlung" nicht, etwa aus Angst vor Zurückweisung, erhöht das Gehirn diesen Druck; denn folgen wir dem Abschaltimpuls nicht, droht durch die Sauerstoffschuld eine Gefahr für das Gehirn, die nicht selten in einem Apoplex, einem Hirnschlag, endet und damit oft tödlich ist.

Nun wissen Sie, warum einige Menschen, noch bevor sie als Alkoholiker gelten, schon morgens zum Alkohol greifen. Die Erwartung der Anforderungen des Tages ist bereits zu viel. Übrigens: Jeder Raucher kennt dieses Gefühl, denn das Ziehen an einer Zigarette sorgt ebenfalls für ein kurzes „Herunterfahren" unserer Aufmerksamkeit.

Nun erklärt sich auch, warum Menschen bei permanenter Überforderung durch Erwartungsdruck oftmals sprachliche Blockaden empfinden, etwa wenn man im Sprachunterricht bei ganz neuen Lektionen plötzlich vom Lehrer überraschend aufgerufen wird. Der berühmte Sprechpausenfüller „Äääh", welchen wir nicht nur von Boris Becker und Edmund Stoiber kennen, ist immer ein Hinweis auf akuten Überforderungsdruck durch überhöht wahrgenommene Fremderwartung. Das Hirn schreit nach Entlastung, die ein Raucher sich schlichtweg durch Ablenken und ein Trinker sich durch Betäuben der zuständigen Gehirnregionen verschafft. Dass nicht etwa ein erhöhter Adrenalinspiegel für die Sprachblockade sorgt, sondern tatsächlich ein überfordertes Sprachzentrum, ist der Grund dafür, dass ein paar Drinks „die Zunge lösen“ können.

Bleibt noch die Frage: Wozu haben wir eine solch unkomfortable, ja gar lebensgefährliche Fähigkeit zur Disziplin? Einfach gesagt: Sie ist unser *Instinktersatz*. Ohne Disziplin und bewussten Verstand kann keine menschliche Gesellschaft bestehen.

Menschen besitzen im Gegensatz zu Tieren keine Instinkte. Wir verfügen, genau wie Tiere, über Intuition, also die Fähigkeit der unbewussten Wahrnehmung. Doch wir müssen dieser Intuition nicht zwangsläufig folgen und können sie sogar völlig ignorieren. Dies bedeutet, dass wir in unserem Zusammenleben auf keine sicheren biologischen oder soziologischen Gesetzmäßigkeiten zurückgreifen können – wir können immer entscheiden, was wir tun. Unsere Organisationsform, in der wir zusammenleben, nennen wir Gesellschaft. Und da keine verlässlichen Gesetzmäßigkeiten vorhanden sind, benötigen wir für unser gesellschaftliches Zusammenleben viele Spielregeln.

Um nicht in völliger Unsicherheit leben zu müssen, haben wir unsere Disziplin. Damit sorgen wir dafür, dass wir nicht tun, wonach uns gerade ist, sondern wägen jeweils ab, was andere davon halten. Die Wahrnehmung von Fremderwartungen aktiviert unsere Disziplin.

Disziplin ist unser „schlechtes Gewissen“, sie ist der „Staatsanwalt der Gesellschaft“ . Damit sich unsere Kinder nicht durch rücksichtsloses Verhalten ihren Mitmenschen gegenüber selbst in die Gefahr der Bestrafung bringen, erziehen wir sie rein vorsichtshalber derart, dass sie sich selbst ein Leben lang unterdrücken.

Dies bedeutet: Für alles, was Sie für sich selbst tun, brauchen Sie keine Disziplin – Sie machen es mit Freude, Interesse, weil es für Sie Sinn macht, aber nicht weil Sie es *müssen*.

„Müssen" verbraucht mehr Sauerstoff im Gehirn als „Wollen" und ist daher nicht so effizient. Müssen blockiert.

Geißel Schuldgefühl – und ihre einfache Auflösung

Wir sprachen bereits davon: Als eine üble Erfolgsblockade zeigt sich in der Praxis das Schuldgefühl, welches wie ein Fluch ist; man kann es kaum richtig fassen, aber es bremst auf allen Ebenen. Ein Schuldgefühl ist eine sehr diffuse psychische Blockade (Verhaltenshemmung), welche die Existenz des Individuums an sich unter eine Bedingung stellt. So baute die katholische Kirche jahrhundertelang darauf, dass Menschen mit einem Schuldgefühl leicht zu führen sind, und konsolidierte den Glauben an die Erbsünde und deren Vergebung durch gottesfürchtigen Lebenswandel; demnach komme ein Mensch schuldig zur Welt und dürfe bei Erfüllung aller Bedingungen des Beschuldigers auf Erlösung und somit auf Existenzberechtigung hoffen. Ein raffinierter, aber freiheitsberaubender politischer Trick, wie ich finde! Doch noch heute werden Menschen mit einem Schuldgefühl geboren, was zumeist daran liegt, dass bereits im Mutterleib pränatale Traumatisierungserfahrungen gemacht wurden. Der Versuch, ein Kind abzutreiben, oder auch die Enttäuschung der Mutter über das Geschlecht des Kindes können durch Wahrnehmung mütterlicher Neurotransmitter über die Nabelschnur zu der frühkindlichen Schlussfolgerung führen, die Existenz wäre an das Erfüllen von Bedingungen geknüpft. Wer mit einem Schuldgefühl lebt, wird immer auf die Entfaltung der Persönlichkeit verzichten, wenn er dabei seine Existenz retten kann. Ein solches Leben ist geprägt von dem Versuch, Stabilität statt Entwicklung zu erreichen. In einer Gesellschaft, in der es nicht mehr um Fortbestand der Traditionen geht, sondern um das Zusammenwachsen verschiedenster Kulturen (Forschungs- und Entwicklungsgesellschaft), wie wir sie haben, ist dieses Konzept sicherlich nicht besonders sinnvoll.

Ein Schuldgefühl ist meiner Ansicht nach keine Erfolgskomponente, sondern zieht ein gefährliches Vermeidensverhalten nach sich, welches die seelische und körperliche Gesundheit beeinträchtigt. Warum viele Menschen gerade für angenehme, einfache und nicht belastende Arbeit ein Schuldgefühl entwickeln, lässt sich dadurch erklären, dass wir in unserer Kindheit fast alle fürs Spielen (und damit für alles Spielerische) negativ sanktioniert worden sind, wenn wir unsere Pflichten vernachlässigt haben. Ermahnungen wie: „Erst räumst du dein Zimmer auf, dann kannst du auf den Spielplatz!" erzeugen den negativen Glaubenssatz, dass alles, was uns persönlich Spaß macht, gesellschaftlich wertlos ist. Der Glaubenssatz: „Erst die Arbeit, dann das Vergnügen!" legt den Grundstein für das Burn-out-Syndrom, bei dem sich Menschen derart mit Arbeit überfordern, dass sie fast daran zugrunde gehen. Ebenso lässt sich mit der Geißel Schuldgefühl erklären, warum es in Deutschland noch immer als besonderes Risiko gilt, sich unternehmerisch selbstständig zu machen: Man muss natürlich Marketing betreiben, wenn man an Aufträge kommen will. Das setzt voraus, dass man von der Qualität und dem Wert seiner Leistungen sehr überzeugt sein muss. So sehr, dass man diese Überzeugung „in die Welt hinausposaunt". Der mittelständische Unternehmer bekommt aber nun ein ernstes psychologisches Problem, denn es gilt in unserer Gesellschaft als unbescheiden, gut über sich selbst zu reden. „Eigenlob stinkt!“, hören wir seit unserer Kindheit – und schaffen damit eine Gesellschaft von abhängig Beschäftigten und damit von potenziell Arbeitslosen.

Und nun die *Auflösung*:
Falls Sie ein Schuldgefühl bei sich selbst entdecken, so analysieren Sie einmal, was der ursprüngliche Auslöser dafür sein könnte. Erinnern Sie sich an eine solche Situation, in der Sie das Schuldgefühl wahrnehmen, und spüren Sie mit geschlossenen Augen in Ihren Körper hinein. Was Sie da verspüren, ist ein altes, bekanntes Gefühl. Machen Sie sich dieses Gefühl mit seiner körperlichen Verortung so bewusst wie möglich. Überlegen Sie weiter, wann Sie genau dieses Gefühl vermutlich wohl zum allerersten Male im Leben hatten. Sie werden, wenn Sie sich ganz passiv von Ihren eigenen Gedanken überraschen lassen, nun ein Gefühlserlebnis innerhalb der ersten 36 Monate Ihres Lebens erinnern. Dann betrachten Sie diese Situation einmal aus Ihrer reifen, erwachsenen Sichtweise. Sie werden entdecken, dass Sie dieses Schuldgefühl nicht länger benötigen, weil Sie sich zwar beschuldigt gefühlt hatten, aber nicht schuldig sind! Prüfen Sie nun einmal in Gedanken, ob Sie in einer künftigen Situation, die genau dieses Schuldgefühl für gewöhnlich aufrufen würde, noch das gleiche körperliche Gefühl erzeugen können, wie noch ein paar Minuten zuvor. Es dürfte Ihnen eigentlich nicht gelingen. Je klarer Ihnen wurde, dass die damalige Situation für Sie heutzutage keine Gültigkeit mehr hat, desto weniger gelingt es ihnen, Ihr Schuldgefühl erneut zu erzeugen. Damit ist auch für weitere künftige Situationen die Generalisierung aufgehoben. Sie sind vom Schuldgefühl befreit und haben wieder die Entscheidungsgewalt über Ihr Verhalten. Dann haben Sie allerdings auch etwas, wovor viele Menschen zurückschrecken:

Verantwortungsbewusstsein

Wir tönen laut: „Macht Euch die Erde untertan!“, doch wenn wir dieses dann tatsächlich tun, indem wir die Bodenschätze plündern, Arten ausrotten, Luft, Boden und Wasser vergiften, stehen wir da wie Kinder, die ihr eigenes Spielzeug kaputt gemacht haben und jammern. Klar, so sind es die meisten von uns ja auch gewohnt. Ganz gleich, was wir tun, jemand anderes löffelt unsere Suppe für uns aus. Dass dieser Glaube ein Irrtum ist, merken viele Menschen erst dann, wenn es zu irreparablen Schäden an Gesundheit, Umwelt oder Sozialkontakten gekommen ist. Doch es ist wirklich ganz egal, was Sie tun oder lassen; Sie stehen dafür gerade. Niemand interessiert sich wirklich dafür, ob Sie aus Unwissenheit, Unvermögen oder gar Absicht sich oder anderen Schaden zugefügt haben – getan ist getan. Mit den Konsequenzen müssen Sie leben.

Doch woher kommt eigentlich unser „blinder Fleck“ für unser Handeln, mit dem wir tatsächlich nicht nur unserem eigenen Körper schaden können, sondern sogar unserem gesamten Planeten, nebst unseren Mitlebewesen?

Ich glaube – selbst wenn es Ihnen langsam langweilig werden sollte –, auch hier müssen wir einen Blick in die frühkindlichen Entwicklungsphasen werfen. Oftmals begehen Eltern den Fehler und machen sich für ihre Kinder zu Stellvertretern der Gefahr. Sozial erwünschtes Verhalten wird in einer Gesellschaft, die kaum Verständnis für kindliche Denkweisen hat, von Eltern meist durch Negativsanktionen, wie etwa Schimpfen, Arrest- und Verbotsstrafen zu erzeugen versucht. Wenn dem Kind diese Stellvertreterrolle nicht erklärt wird, schlussfolgert es, dass es sein Fehlverhalten lediglich vor den Autoritäten verbergen muss, und trägt keinerlei Konsequenzen. Würde das Kind jedoch durch logische Konsequenz seiner Mitmenschen zur Eigenverantwortlichkeit erzogen, hätte unsere Gesellschaft sogar eine Chance auf Reduzierung vieler Gesetze. Stattdessen werden diese mehr und mehr, weil „Papa ja noch immer schimpfen muss“, damit wir spüren, dass wir „mal wieder Mist gebaut haben“. Wir leben in einer sich selbst entmündigenden Gesellschaft, weil wir es von Kindheit an nicht anders gewohnt sind. Mit Demokratie und Eigenverantwortlichkeit kann noch nicht wirklich jeder Mensch etwas anfangen, obwohl wir wahrscheinlich die einzige Spezies sind, die dazu das nötige Bewusstsein entwickeln kann.

Also räumen Sie in Ihrer Kindheit auf und werden Sie gewahr, dass Sie selbst steuern können, wie Sie leben. Wenn Sie noch nicht das Leben leben, welches Sie für erstrebenswert halten, wird es Zeit, dass Ihnen zum Beispiel jemand wie ich auf die Schulter klopft und Ihnen deutlich sagt, dass Ihre Kindheit vorbei ist. Sie dürfen tun und lassen, was Sie für richtig halten – die Konsequenzen tragen Sie in beiden Fällen selbst.

Ich bekomme hin und wieder E-Mails mit sprichwörtlichem „Gejammer“ über dieses und jenes Problem, immer mit der impliziten Botschaft: „Löse mein Problem.“ Meine Antwort ist dann immer die gleiche. Sie lautet: „Ein Coaching ist ein Impuls, um sich von den Symptomen eines Musters zu befreien. Diesen Impuls zu nutzen tut genauso weh wie das Symptom selbst. Mit dem Unterschied, dass Sie durch die neue Strategie Ihre Freiheit wiedergewonnen haben und sich weiterentwickeln können.“ Wenn ein Mensch erkennt, dass „Ärmel hochkrempeln“ mehr bringt als „Jammern“, allerdings ebenfalls wehtut, aber dafür das gleiche Ergebnis bringt und zudem selbstständig macht, dann hat er sein Verantwortungsbewusstsein entdeckt und damit auch den Schlüssel zu den dauerhafteren Erfolgen.

AUTONOMOUS
DRIVE
START

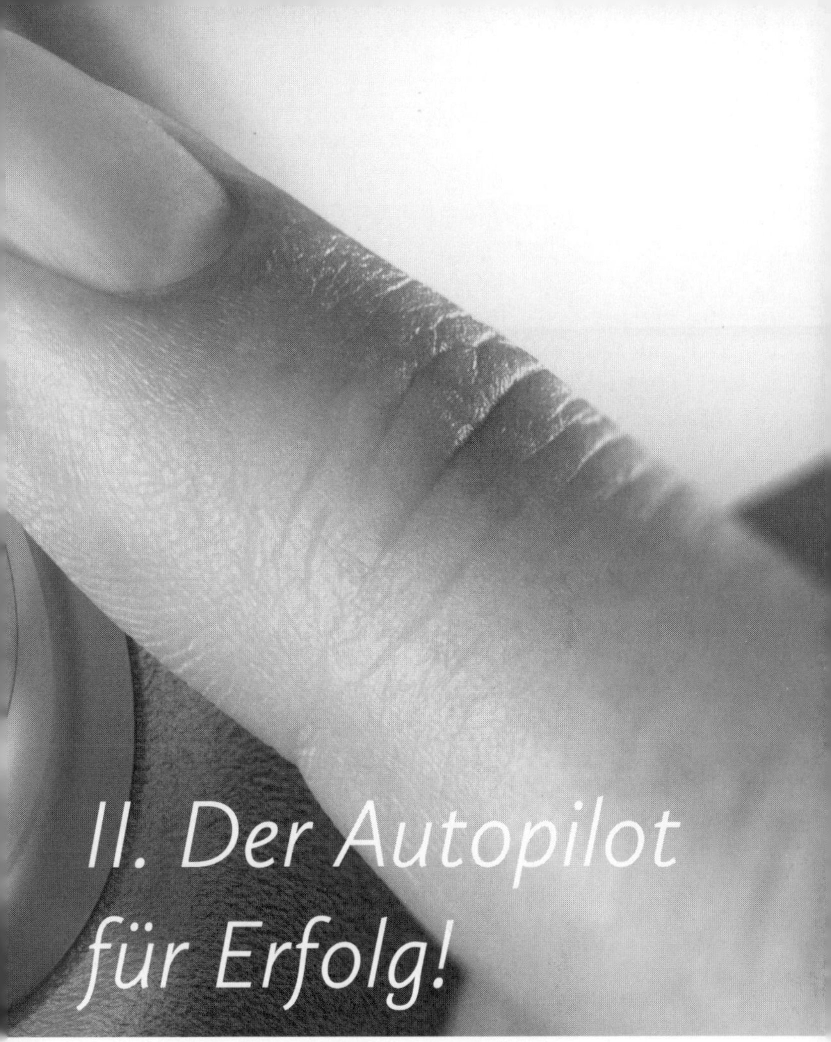

II. Der Autopilot für Erfolg!

Finden Sie heraus, was Sie vorantreibt und Ihren Beitrag für diese Welt wertvoller machen kann. Genau diese Erkenntnis ist es nämlich, die Ihren Autopiloten mit den richtigen Zieldaten füttert. Ihr Erfolgsnavi folgt der Route automatisch, sobald das Ziel auch wirklich für erstrebenswert angesehen und nicht als Energieverschwendung betrachtet wird.

Interesse und Begeisterung

Der Motor des Erreichens ist die Entfaltung der Absicht und wird erzeugt durch *Interesse*. Interesse ist meines Wissens nach einer der wenigen Begriffe, die sich nicht negativ verknüpfen lassen. Interesse bedeutet, wir wittern eine Chance zur Verwirklichung.

Wenn Sie eine Information bekommen, die für Sie positiv relevant ist, wird diese eine große Anzahl neuronaler Verschaltungen auslösen. Wenn sie auf eine große Anzahl bereitstehender Neuronen mit entsprechender chemischer Disposition trifft, dann erzeugt sie Begeisterung. Dies ist so ähnlich, als ob eine Melodie nicht nur von einem Instrumentalisten gespielt wird, sondern von einem ganzen Orchester. Je mehr Musiker beteiligt sind, desto weniger Einfluss haben Störfaktoren. Begeisterung bedeutet, dass Sie alles in Ihrem Gehirn auf das eine Ziel einstellen. Dies muss ein Ziel sein, das für Sie derart relevant ist, dass Ihre gesamte emotionale Einstellung dazu „Jaaa!" schreit.

Wie effektiv Begeisterung wirken kann, veranschaulichen die folgenden beeindruckenden Beispiele.

Der 30-jährige Brite Daniel Tammet ist Autist. Doch obwohl er sich Gesichter nur schwer merken und kein Auto fahren kann, ist er alles andere als lernbehindert. Daniel Tammet gilt als ein so genannter „Savant", ein *Wissender*. Weltweit gibt es von diesen hochbegabten Menschen, die ganze Klavierkonzerte nach nur einmaligem Hören fehlerfrei nachspielen können, nur etwa fünfzig an der Zahl.

Tammet beherrscht zehn Sprachen und kann die Zahl Pi bis zur 22 514. Stelle auswendig aufsagen! Für einen Beitrag des ARD-Fernsehmagazins „Beckmann“ am 2. Februar 2009 lernte er innerhalb von einer Woche fließend Deutsch. Auf die Frage, welchen Rat er für Menschen hat, die ihm seine enorme Lernleistung nachtun möchten, sagte Tammet: „Vergessen Sie, was Sie in der Schule gelernt haben. Die Methoden sind langweilig. Sie sind nicht natürlich, nicht intuitiv. Stattdessen muss man Spaß haben und keinen Stress.“

Er setzt auf die bildhafte Erlebnisfähigkeit und verknüpft Zahlen mit Formen und Worte mit Farben. Vor allem aber betont Lernwunder Tammet, dass wir alle in der Kindheit die Fähigkeit zu dieser Art von Lernen besitzen und diese zunehmend brachliegen lassen. Er selbst benutzt lustige Kinderbücher, um Sprachen zu lernen, und vermeidet es, Grammatik und Vokabeln zu pauken.

Im März 1990 stellte der damals 47-jährige Rolf Heck einen Weltrekord auf: Der Ex-Bandscheibenvorfall-Patient absolvierte 31.250 Liegestütze innerhalb von 24 Stunden. Eigentlich hatte er durch Liegestütze nur seine Bandscheibenschmerzen lindern wollen; aber in der Folge wurde sein Ehrgeiz geweckt, ins Guinness-Buch der Rekorde aufgenommen zu werden. In weniger als zehn Jahren trainierte Rolf Heck mit einer derartigen Begeisterung, dass er lange als Rekordhalter im Dauerliegestützen galt.

Den atemberaubenden Rekord von Rolf Heck toppte der Amerikaner Charles Servizio 1993 mit 46.001 Push-ups an einem Tag! Das geht sicher nur, wenn man daran Spaß hat!

Doch Begeisterung kann verklingen, wenn sie zur Gewohnheit wird. Grenzen wollen immer wieder erweitert werden, je mehr sie überwindbar erscheinen, wie das nächste Kapitel zeigt.

Feuerlaufen und Löffelbiegen werden schnell langweilig

Als ich im Sommer 2004 meinen ersten Chromstahllöffel mit meiner Vorstellungskraft verbiegen sollte, dachte ich, sollte mir das gelingen, dann gäbe es für mich keine ernst zu nehmenden Grenzen mehr in dieser Welt. Nachdem ich das dann „vollbracht" hatte, kam kurz darauf die ernüchternde Erkenntnis: „Na ja, das ist schon toll, aber eigentlich könnte das jeder, wenn er weiß wie und sich darauf einstimmt." Ich biete das Löffelbiegen in einem meiner Seminare als Abschlussübung an. Einige der Teilnehmer sind darauf so heiß, dass sie es kaum abwarten können, bis das Besteck verbogen ist. Nach einer Vorbereitung von 20 Minuten wird der Löffel dann in 60 Sekunden seiner neuen Form zugeführt, und die Ergriffenheit ist groß, wenn man dann seinen Löffel in der Hand hält. Doch nach circa einer Woche ist der Löffel wieder ein Löffel, zwar verbogen, aber nicht länger ein Weltwunder. Etwas Ähnliches hörte ich von einer befreundeten NLP-Trainerin, die sagte: „Der erste Feuerlauf ist der spannendste. Ich bin schon dreimal barfuß über glühende Kohlen gegangen. Das ist für mich jetzt nichts Besonderes mehr."

Mein Freund und Kollege Bernhard Reicher ließ sich von mir zeigen, wie das mit dem Löffelbiegen vonstattengeht, und hatte nach einer halben Stunde sein Besteck verbogen – ohne Gewalt, versteht sich. Nur ein paar Tage später ließ er sich bei einer Gelegenheit eine daumendicke Stahlstange geben und verbog diese locker über seinem Knie, nachdem alle anderen Anwesenden vergeblich versucht hatten, den Stahl mit Körperkraft zu verformen. Was macht er heute? Biegt er weiterhin Suppenlöffel krumm? Nein. Er stellt sich ganz anderen

Herausforderungen, so zum Beispiel gezielt Hunderttausende von Euros in einer Game-Show zu gewinnen, wie Sie in seinem Fallbeispiel (→ Seite 111) lesen werden. Oder auch Seminarteilnehmern das Hellsehen beibringen.

Wenn die Psyche ein Terrain erobert, also ein Ziel erreicht hat, dann widmet sie sich dem nächsthöheren. Und das nennt man Begeisterung! Dahinter steckt die Erfahrung, sich von nichts aufhalten zu lassen, mit dem Wissen, man erreicht alles, was man wirklich will. Nun denken Sie bitte einmal an jene Tätigkeiten, die noch nicht einmal ein Fünkchen Befriedigung geschweige denn Begeisterung auslösen, wie etwa monotone Arbeiten am Fließband. Kein Wunder, dass derlei Aufgaben einen Menschen recht schnell psychisch belasten. Die Psyche braucht Abwechslung. Nebenbei bemerkt kann dieser Wunsch nach Abwechslung oder Erweiterung des Erlebnisniveaus auch problematisch werden. Wenn gewissermaßen der „Kick" fehlt, dann entsteht eine Art Rastlosigkeit, eine ziellose Suche nach immer höheren Herausforderungen.

Der österreichische Fallschirmspringer und Extremsportler Felix Baumgartner sprang im Oktober 2012 aus 39 Kilometern Höhe aus einem Heißluftballon und brach damit mehrere Rekorde. Doch kaum verebbte die Euphorie der Medien, meldeten sich gleich zwei Männer, die noch höher hinaus wollten – der französische Fallschirmspringer Michel Fournier und der britische Unternehmer Richard Branson. Letzterer will aus seinem privaten Raumschiff im freien Fall zur Erde springen. Die Leistungsmarke des einen reicht bereits nicht mehr aus, um dem anderen einen „Kick" zu verpassen. Erfolg macht süchtig und spornt zu neuen Herausforderungen an.

Das Bedürfnis nach Abwechslung kann natürlich auch Unsicherheiten erzeugen. Wenn Sie also Ihren Job nicht wechseln wollen oder glauben, es nicht zu können, dann können Sie zumindest das Gefühl verändern, mit dem Sie Ihre Arbeit verrichten.

Eine Absicht ist wie ein Magnet

Hier sind wir bei einer der wichtigsten Regeln für Erfolg: Alles, worauf Sie Ihre Aufmerksamkeit richten, gerät in den Fokus Ihrer Wahrnehmung – auch Ihrer unterbewussten Wahrnehmung! Damit ziehen Sie alles an Information an, was zum Thema passt, und beauftragen damit ganze Hirnareale mit der Bearbeitung eines Themenkomplexes, eine „Task". Sie kennen Buchtitel wie: „Das Gesetz der Anziehung", „Bestellung beim Universum", „Denk dich reich", „... schlank", „... schön", „... gesund" und was weiß ich nicht alles; Formeln und Floskeln wie „Liebe zieht Liebe an – Hass zieht Hass an" und „Das Glas ist halb voll und nicht halb leer". Die Spatzen pfeifen es auswendig von den Dächern. Zum Thema „Alles im Universum ist ein Teil des Ganzen und versucht sich zu vervollkommnen" gibt es ganze Bibliotheken. Ich stimme dem auch durchaus zu. Doch leider zieht man, wie schon erwähnt, genau und zwar ganz genau das an, was die meisten Neuronenverknüpfungen und die größte Zirbeldrüsenaktivität hervorruft. Das sind definitiv nicht die rationalen Ziele. Und überhaupt: Wie funktioniert dieser Erfolgsmagnet eigentlich?

„Quantenphysik!" lautet die derzeit populärste Antwort! Aha! Es geht also um Teilchen, die kleinsten physikalischen

Entitäten (Seinsformen), die in Energiepaketen ausgesendet werden und damit als Informationen einen Einfluss auf andere Informationen haben, sofern diese mit ihnen in Beziehung stehen. Hierdurch kann sich ein Energiefeld verändern. Somit besteht der Unterschied zwischen einer Eisenstange und einem Lichtstrahl lediglich in der Frequenz seiner Teilchen. Materie kann durch Information erschaffen, verändert oder umgewandelt werden. In Ordnung, verstanden, einverstanden. Doch damit ist noch immer nicht erklärt, warum ein Mensch, der sich sein Leben lang reich wünscht, arm bleibt, und ein Mensch, der sich reich fühlt, immer vermögender wird. Kann denn ein emittiertes Lichtpaket das Leben und die Biografie eines Menschen beeinflussen? Ja, es kann. Aber das reicht meiner Erfahrung nach noch nicht. Was ich in den esoterischen Ratgebern immer vermisse, ist, *dass ein jeder Sender einen Empfänger benötigt, der das Empfangene auch umzusetzen vermag!* Sie wissen vielleicht, dass alternative Heilverfahren, die auf das Unbewusste einwirken, wie etwa Homöopathie oder Radionik, so hocheffizient und beeindruckend sie oftmals sind, an einer banalen Grenze scheitern: Der zu Behandelnde darf nicht unterbewusst opponieren, sonst passiert nämlich schlichtweg „nix“. Ist ein Informationsfeld jedoch auf „Empfang“ gepolt, können Informationen in Form von Photonen eine Menge verändern, wie die erfolgreiche Autorin Bärbel Mohr (1964 – 2010) in ihrem Aufsatz „Hyperkommunikation der DNS: Das ‚lebendige‘ Internet im Menschen“[6] beschreibt:

„Lebende DNS-Substanz (d.h. im lebenden Gewebe, nicht im Reagenzglas) reagiert auf sprachmoduliertes Laserlicht und sogar auf Radiowellen, wenn man die richtigen Resonanzfrequenzen einhält. Das erklärt endlich auf wissenschaftlicher

Basis, wieso Affirmationen, autogenes Training, Hypnose und Ähnliches so starke Wirkungen auf Mensch und Körper haben können. Es ist ganz normal und in der Natur so angelegt, dass unsere DNS auf Sprache reagiert. Während die westlichen Forscher Einzel-Gene aus dem DNS-Strang herausschneiden und woanders wieder einsetzen, basteln die Russen eifrig an Geräten, mit denen man durch geeignete modulierte Radio- und Lichtstrahlung den Zellstoffwechsel beeinflussen und genetische Defekte reparieren kann.

Garjajevs Forschergruppe gelang der Nachweis, dass mit dieser Methode Chromosomen repariert werden können, die z.B. durch Röntgenstrahlungen geschädigt wurden. Sie haben sogar Informationsmuster einer DNS aufgefangen und einer anderen übertragen und es dadurch geschafft, Zellen genetisch auf ein anderes Genom umzuprogrammieren.

Sie haben, um ein Beispiel zu nennen, erfolgreich Frosch- in Salamanderembryonen verwandelt – und das nur durch die Übertragung von Informationsmustern! Dabei wird die ganze Information übertragen und es entstehen keine Nebenwirkungen und Disharmonien, im Gegensatz zum Herausschnippeln und wieder Hineinpfrimeln von einzelnen Genen aus der DNS. Das ist die totale, unglaubliche und Welt verändernde Revolution und Sensation. Alles nur mit Schwingung und Sprache, anstatt mit Herumschnippeln."

Der Schauspieler und Ratgeber-Autor Pierre Franckh zitiert in seinem Buch „Das Gesetz der Resonanz"[7] nicht nur dieses russische Experiment, sondern berichtet, dass DNS umgekehrt ebenso einen Effekt auf Photonen hat, Erbgut also auch die Umwelt verändert. Franckh berichtet von zwei amerikanischen Wissenschaftlern, Glen Rein und Rollin McCraty, die bewiesen, dass DNS unter Laborbedingungen im Becherglas allein durch absichtlich ausgesendete Emotionen verändert werden konnte. Absichten verändern körperfremdes Erbgut!

Das ist beachtlich, wie ich finde, obwohl es ja auch eigentlich logisch ist. Die DNS ist nichts anderes als ein manifestierter Informationskomplex, wie ein Lied oder ein Kochrezept. Natürlich lässt sich die Zusammenstellung durch Informationen verändern. Daher halte ich die Meldungen über beispielsweise sogenannte Krebs-Gene für absolut fahrlässig, denn hier wird womöglich übersehen, dass die DNS sich den Informationen der krank machenden Lebensweise angepasst hat. Doch Krebs-Gene, derentwegen sich Frauen rein prophylaktisch die Brüste abnehmen lassen, damit der scheinbar erblich festgelegte Brustkrebs nicht zum Ausbruch kommt, implizieren, dass der Gen-Träger fast zur Krankheit verdammt ist – anstatt einmal herauszufinden, ob nicht die Lebensweise bereits ihre Spuren im Körper hinterlassen hat.

Zellinformationen für Krebs, Alkoholismus oder Übergewicht entstammen also womöglich bestimmten Gedanken – und diese sind wiederum durch Erkenntnisse und neue Informationen leicht zu verändern! Zu vererben sind diese DNS-Codes jedoch nicht, sondern höchstens zu erlernen, so glaube ich!

Für Manifestations- oder Kreationsprozesse benötigen wir also zum einen ein strukturierendes System – im Klartext, einen Computer, eine Photonenquelle oder zumindest ein funktionierendes menschliches Gehirn. Denn der Schaffensprozess muss stetig in Gang gehalten werden. Zum anderen muss dieses System mit anderen Systemen in Resonanz treten, um den Effekt zum Tragen zu bringen.

Wunder sind keine Hexerei

Besteht diese Resonanz, so geschehen die wundersamsten Dinge, wie uns ein Beispiel aus der Physik verdeutlicht: Nehmen Sie eine einzelne Gitarrensaite. Zupfen Sie die Saite an, beginnt sie zu schwingen und erzeugt einen leisen Ton von recht kurzer Dauer. Danach verebbt die Schwingung, der Ton erstirbt. Nehmen Sie nun eine Gitarre und spannen die Saite über den Resonanzkörper, dann wird dieser die Schwingung nicht nur aufnehmen, sondern die Saite wiederum zum Schwingen anregen, somit in der Amplitude verstärken und in der Schwingdauer verlängern. Der Ton wird lauter, satter und andauernder, und das nur, weil er auf einen geeigneten Empfänger trifft! Die Saite selbst hat sich weder angestrengt noch Mühe gegeben noch sonst wie einen zusätzlichen Beitrag geleistet! Ein Lawineneffekt, bei dem ein winziger Schneeball einen Widerstand überwunden hat und dem Weg der Schwerkraft folgt, zeigt eine andere Möglichkeit, ein „Wunder" zu schaffen. Er erzeugt quasi „Begeisterung" für seine Sache und ist mit dem Bestreben und der Energie der anderen Schneeflocken um ein Vielfaches durchsetzungsfähiger als ursprünglich allein.

Ein Gebet ist eine der einfachsten Formen, diesen Schneeballeffekt zu erzeugen. Wenn Sie mit vielen Menschen zusammen beten, treten Sie mit anderen Systemen in Resonanz. Wiederholen Sie dieses Gebet zudem öfters, generieren Sie einen „Stream". Solange dieser nicht abreißt, wirkt er wie ein Laserstrahl, den Sie gen Himmel richten. Schalten Sie diesen aus, reißt der Strahl ab.

Bei einem Besuch im Oman, einem Land mit überwiegend muslimischen Einwohnern, sah ich, wie jeden Freitagmittag Zehntausende von Menschen gemeinsam konzertiert und konzentriert in einer Großmoschee beteten. Angesichts der Erkenntnisse der Quantenphysik war ich von diesem „Frequenzgenerator" schwer beeindruckt und zudem sehr nachdenklich über die geballte Manifestationsmöglichkeit der Gläubigen. Der Oman gehört nämlich zu den wohlhabendsten Staaten der Erde, seine Hauptstadt Muskat zu den saubersten der Welt und das politische System, die Sultan-Qabus-Monarchie, seit fast 50 Jahren zu den stabilsten und friedlichsten nach 1945! Die Menschen, die ich dort kennenlernte, schienen mir sehr stolz auf die diplomatischen und emanzipatorischen Errungenschaften ihres Landes zu sein. Die Omani beten allerdings auch für Wohlstand und Gesundheit ihrer Mitmenschen.

Wer Gebete für einen Quatsch hält, der bei jeder wissenschaftlichen Beweisführung zusammenbricht, der möge bitte einmal im 21. Jahrhundert ankommen. „Quantenkryptografie" heißt das Fachwort für eine spezielle Datenverschlüsselung, die dem österreichischen Physiker Anton Zeilinger bereits im April 2004 erfolgreich glückte und die von Banken oder Militärs bei der Übermittlung hochsensibler Daten genutzt wird. Dieser Codierung liegt die Erkenntnis zugrunde, dass ein Quantum (Teilchen) durch eine hinzugefügte Information seinen Zustand ändern kann. Durch das bloße Abhören einer derart codiert übermittelten Nachricht würde sofort das Originalsignal beim Empfänger verändert und der Lauschangriff somit zwangsläufig bemerkt werden. Doch auch in komplexeren Systemen als nur bei Computerdaten ist die Wirkung von Zusatzinformationen bekannt und gefürchtet: Dass beispielsweise die Wirkung von Medikamenten durch Gedanken des Patienten beeinflusst werden kann, gilt in der Medizin als unumstritten. Daher müssen neue Arzneien, bevor sie für den Markt zugelassen werden, auch zunächst in einer Doppelblindstudie getestet werden. In dieser Art von Studie werden die Medikamententester in zwei Gruppen unterteilt: Die eine Gruppe erhält das echte, zu testende Medikament, die zweite Gruppe erhält nur ein Placebo, das zwar genauso aussieht wie das echte Medikament, ansonsten jedoch keinerlei pharmazeutische Wirkung hat. Hierbei ist wichtig, dass weder der Proband noch der verabreichende Arzt davon Kenntnis hat, wer welches Mittel bekommt, um keinen Einfluss auf den Patienten auszuüben. Erstaunlich, wie ich finde, denn wenn ein positiv eingestellter Arzt einen Heileffekt auf den Patienten haben kann, wofür benötigt man dann noch ein teures und nebenwirkendes Medikament?

Zwar streiten sich die Wissenschaftler noch über die Wirksamkeit von Gebeten und bezichtigen sich gegenseitig der Forschungsfehler, unstrittig ist aber zumindest die Autosuggestivwirkung, die ein Gebet beim Betenden hat. Sie können aber an sich selbst die Erfahrung machen, dass Sie, wenn Sie Ihre Wahrnehmung auf etwas richten, etwa auf Gesundheit und Wohlstand („Lieber Gott, danke für Essen, Heim und Freunde...“), Ihr Gehirn anfängt, passende Daten zu sammeln und das Muster zu bestätigen. Richten Sie Ihren Fokus auf Mangel und Opfergefühl („Lieber Gott, ich bin so arm und so krank ...“), bestätigen Sie dies leider ebenso. Wer sein Gehirn mit etwas beauftragt, bekommt ein Ergebnis. Das heißt: Versehen Sie Ihr Gehirn mit einer Task, können Sie auf vielfältige Weise enorme Erfolge erreichen – außer Sie fahren eine Vermeidensstrategie. Sie können also praktisch jedes Ziel erreichen, vorausgesetzt, Sie haben eines! Und das muss erst einmal gefunden werden.

Ein Ziel ist ein Ziel ist ein Ziel

„Der Weg ist das Ziel“ lautet eine oft missverstandene, tiefgründige buddhistische Weisheit. Ich möchte im Zusammenhang mit Erfolgscoaching hier lieber dabeibleiben, dass ein Weg ein Weg und ein Ziel ein Ziel ist. Dieses ist erst dann erreicht, wenn der Gang dorthin abgeschlossen ist und der Weg hinter einem liegt. Natürlich kann man auch einen Weg mit Genuss gehen, dann ist aber dieser Genuss in dem Augenblick das Ziel. Wenn Sie sich nämlich um den Weg kümmern, tappen Sie in eine Falle: Sie beschränken Ihre Möglichkeiten zur Zielerreichung, vergeuden Zeit und schaffen Frustrationen. Denken Sie noch einmal an das Beispiel mit dem Kind, das Laufen lernt. Einfacher als das bewusste Koordinieren von Muskeln zum Halten des Gleichgewichts ist es allemal, die Mama vor sich stehen zu sehen und zu beschließen: „Da will ich hin, egal wie!“ Das Ziel war also nicht, die Balance zu halten und zu laufen, sondern Mama zu erreichen. Freihändiges Gehen war nur der Nebeneffekt.

Was ist also genau Ihr Ziel? Wollen Sie beispielsweise mehr Geld verdienen? Wie viel genau? Bis wann? Wozu genau? Ist es wirklich Geld (glaube ich nicht!!!)? Sie *denken*, Sie wollen reich werden. Also warum? Weil Sie sich dann alles leisten können. Warum ist Ihnen das so wichtig? Weil Sie als Kind immer verzichten mussten? Wer hat Ihnen uneingeschränkte Möglichkeiten versprochen? Ach, die Eltern konnten sich alles kaufen, haben Ihnen aber nicht alles geschenkt. Wollen Sie Unabhängigkeit von Ihren Eltern? Brauchen Sie dafür wirklich ein Vermögen, oder reicht es aus, innerlich erwachsen zu werden, damit Sie unabhängig entscheiden und sich verwirklichen können? Na bitte!

Die Frage „Was wollen Sie wirklich und warum?“ sollte Ihnen bei allem, was Sie tun, wie ein Echo durch den Kopf hallen.

Nächstes Ziel: Wollen Sie ein Haustier? Welches genau? Warum ausgerechnet so eines? Wozu? Was wollen Sie wirklich? Vielleicht geliebt und gebraucht werden? Warum? Projizieren Sie sich auf das Tier und wollen es vielleicht so behandeln, wie Sie selbst gerne behandelt worden wären? Aha!

Sie wollen schlank werden? Wozu? Anerkennung? Warum ist Ihnen das so wichtig? Weil Sie als Kind nicht aufgefallen sind und zu wenig davon bekommen haben? Mit Ihrem Übergewicht fallen Sie auf. Wie erreichen Sie positive Anerkennung, selbst wenn Sie nicht abnehmen? Sobald Sie das erreicht haben, werden Sie schlank.

Überlegen Sie also bei jedem vordergründigen Ziel: Was wollen Sie wirklich?

Analysieren Sie es mit den vorgenannten Fragen so lange, bis Sie Ihre Etappenziele erkannt und sich Ihr Endziel bewusst gemacht haben. Mit genau diesem Endziel „füttern“ Sie Ihren „Zielcomputer“. Sie brauchen sich nur genau vorzustellen, wann Sie dieses Ziel wohl realistischerweise erreicht haben, und vor allem: wie sich das anfühlt, wenn es erreicht ist. Die Frage „Wozu ist mein Ziel gut?“ ist die naheliegendste und doch die am schwierigsten zu beantwortende, aber auch die wichtigste. Mit ihr beginnt der Weg. Doch mittels dieser Analyse müsste es klappen.

Wir können unsere Ziele stets und ständig ändern, korrigieren, fallen lassen und neu justieren, aber ein Ziel definiert sich dadurch, dass es der Endpunkt einer Reise ist und sich nach seinem Erreichen kein Weg mehr mit demselben Ziel anschließt. Ein Verhaltensabschnitt wird durch das Erreichen eines Ziels beendet und entfaltet damit seinen erlösenden Charakter. Sie schießen mit dem Pfeil so lange auf eine Zielscheibe, bis Sie den Mittelpunkt getroffen haben. Haben Sie ihn getroffen, kann Ihr neues Ziel nun die Wiederholung des Ergebnisses sein. Doch um dieses neue Ziel zu erreichen, muss das alte zunächst erreicht oder aufgegeben worden sein.

Bleiben Sie niemals auf Ihrem Weg. Kümmern Sie sich am besten gar nicht darum, *wie* Sie ein Ziel erreichen. Sie lassen, bildlich gesprochen, eine gebrochene Hand am besten dadurch heilen, dass Sie sich damit abfinden, mit der anderen Hand zu arbeiten. Das ist es, was ich mit „loslassen" meine. Versteifen Sie sich darauf, die Hindernisse auf dem Weg zum Ziel wegzuräumen, bleiben Sie ewig auf dem Weg mit seinen Hindernissen. Ist Ihnen das Endziel nicht bekannt oder nicht wichtig, ebenso. Und das bringt uns geradewegs zu den Prioritäten.

Risikoverwaltung statt Zielerreichung?

Stellen Sie sich bitte vor, Sie gingen über einen Weg von ca. 40 Zentimetern Breite und 50 Metern Länge – Sie könnten einfach zügig darübergehen, richtig? Das wäre nicht der Fall, wenn Sie wüssten, dass dieser Weg ein Brett ist, welches in schwindelnder Höhe zwischen zwei Hochhausdächern liegt! Ihre Angst würde Sie blockieren. Sogar wenn Sie nur glauben, in Gefahr zu sein, blockieren Sie Ihre Erfolgsumsetzung. Wenn Sie auf die Risiken fokussieren, beauftragen Sie Ihr Bewusstsein zwar mit Risikoverwaltung – aber nicht mit Zielerreichung!

Prioritäten und Zwischenziele

Sie müssen sich entscheiden. Ihr Großrechner unter der Schädeldecke kann vieles, aber die wichtigsten Dinge sortiert er nach Erfolgsaussicht. Nun haben Sie aber erfahren, dass Sie selbst den Erfolg steuern und somit auch Ihre Prioritäten verändern können. Die Reihenfolge der Wichtigkeit wird durch den Algorithmus Ihrer Psyche bestimmt: Der größtmögliche Machtgewinn unter Inkaufnahme des geringsten nötigen Aufwandes. Dazu gehört, dass Sie wissen: Egal, wie Sie sich entscheiden, alles hat seinen Preis. Immer!

Kunden kommen zu uns in die Praxis mit Wünschen wie nicht mehr stottern zu müssen. Nach wenigen Tagen stellt sich dann heraus: Die höchste Priorität war nicht, das Stottern zu verlieren, sondern offenbar, keine Angst mehr vor dem Chef haben zu müssen. Erst nachdem die im Coaching geschaffene Angstfreiheit ausprobiert und bestätigt wurde, konnte das Unterbewusstsein dann auch das Stottern verschwinden lassen.

Doch ein Coaching ist kein Ponyhof – es verändert meist das bisher gewohnte Leben. Bis zum angestrebten Endergebnis kann sich natürlich auch zwischenzeitlich eine drastische Veränderung des Arbeitsverhältnisses ergeben. So ist es also immer sehr hilfreich zu schauen, welchen Preis Sie zu zahlen haben, und dann zu entscheiden, ob es sich lohnt, diesen Preis zu zahlen.

Diese Überlegung liegt auch dem sogenannten Rubikon-Modell der Handlungsphasen zugrunde, das die deutschen Motivations-Psychologen Heinz Heckhausen und Peter M. Gollwitzer aufgestellt haben. Der Legende nach überquerte

Julius Cäsar 49 v. Chr. trotz Waffenstillstandes mit seiner bewaffneten Armee den Fluss Rubikon und entfesselte daraufhin einen Bürgerkrieg, den er für sich entschied; daraufhin wurde er römischer Herrscher.

Das Prinzip des Modells ist, ganz vereinfacht gesagt: Wenn Sie sich für einen Weg eindeutig und konsequent entschieden haben, wird Ihre geistige und körperliche Energie von den Alternativen abgezogen und steht zur Zielerreichung konzentriert zur Verfügung.

Es ist völlig gleich, wie Sie sich entscheiden – Ihre Entscheidung kostet immer etwas, und sich *nicht* zu entscheiden, ebenfalls. Alles, was Sie tun, hat potenziell negative Konsequenzen *und* potenziell positive!

Doch nur in einem von beiden Fällen bekommen Sie Entwicklung, Handlungsfähigkeit und Machtgewinn. Im anderen bekommen Sie Stabilität, Stillstand und letztlich sogar den Tod.

In meinem Ratgeber „Anti-Aging – Warum es so einfach ist, jung zu bleiben" habe ich skizziert, wie schnell das Leben vorbei sein kann, wenn Sie kein Fortkommen mehr verspüren. Altenheime, in denen Menschen nur „verwahrt", also faktisch entmachtet werden, zeigen mit hohen Mortalitätsraten von bis zu 50 Prozent aller Neuzugänge innerhalb von sechs Monaten mehr als deutlich, wovon ich spreche. Alle Senioren über 90 Jahre, die ich kennengelernt habe, sagten auf meine Frage, was das Geheimnis ihres hohen Alters wäre, man bräuchte nur einen guten Grund, den nächsten Tag zu erleben, dann würde man ihn auch erleben.

Future Pace – geistiges Trainingslager für Erfolg

Damit Sie also eine möglichst hoffnungsvolle Zukunft haben, verrate ich Ihnen hier noch einen weiteren Trick, wie Sie Ihr Gehirn auf Erfolg einstellen.

Stellen Sie sich in Ihrer Fantasie bitte immer wieder vor, wie das Ziel, welches Sie erreichen wollen, aussieht, sich anfühlt, wie es sich damit im Alltag lebt und so weiter. Betrachten und erfühlen Sie diese Vision so intensiv wie möglich. Gehen Sie dabei wirklich zunächst nur in das Ziel – nicht in den Weg dorthin. Diese Vorstellung muss Sie emotional begeistern, so sehr, dass Sie ein innerliches Wollen deutlich verspüren. Wenn Sie alles richtig machen, kümmern Sie sich ein paar Minuten lang einmal nicht um Ihre Zweifel und Bedenken, sondern nur um Ihr realistisches Ziel. Übertreiben Sie nicht, stapeln Sie nicht tief. Seien Sie nicht schüchtern und vertrauen Sie sich. Bedenken Sie, dass andere Menschen ihre Ziele schließlich auch erreicht haben.

Den Effekt, den Sie damit erzeugen, nennt man in der Fachsprache „Future Pace", oder auch „Bahnen". Der Future Pace ist eines der Grundwerkzeuge der NLP (Neurolinguistische Programmierung). Sie erzeugen damit rein per Imagination neuronale Verschaltungen, die für Ihr Unterbewusstsein wie „Regen in der Wüste" wirken. Wenn es in einer Wüste regnet, wird sich das Regenwasser Flussbetten ins Erdreich graben. Regnet es jedoch kurz darauf erneut, wird sich das neue Wasser seinen Weg eher durch die bestehenden Flussbetten bahnen, als sich neue Wege zu graben. Sportler, die keine Möglichkeiten haben, unter realen Bedingungen zu trainieren, greifen seit Jahren schon auf diese populäre und einfache Methode erfolgreich zurück. Mit dieser Technik können Sie eigentlich alles Künftige vorbereiten, um sich im Anschluss geistig auf den Weg dorthin zu begeben. In der Hörbuch-Version meines Ratgebers „Artgerechte Partnerhaltung“[8] finden Sie eine praktische Future-Pace-Anwendung, um zu Ihrem Traumpartner zu gelangen. Vorsicht beim Hören, wenn Sie noch verheiratet sind – ein korrekt angewendeter Future Pace liefert Ergebnisse! Sie sollten sogar einmal so mutig sein und sich Ihren einhundertsten Geburtstag vorstellen, genauso, wie Sie ihn sich idealerweise wünschen – ungeachtet dessen, ob Ihr Körper und Ihr Geist dieses Alter wohl ermöglichen werden. Bleiben Sie dabei optimistisch, aber realistisch, damit Sie nicht versehentlich ein Zweifelsprogramm starten.

Nun soll es hier in diesem Ratgeber natürlich nicht um eine möglichst lange Lebensdauer gehen, sondern um alles das, was das Leben so lebenswert macht. Und da sollte natürlich auch ein Kapitel über das Geldverdienen nicht an letzter Stelle kommen, denn Geld ist in dieser Welt für eine hohe Lebensqualität nicht unwichtig.

Die Geldformel

Zunächst müssen Sie sich, wenn Sie wirklich vermögend werden wollen, sehr positiv mit Geld beschäftigen. Viele Menschen verknüpfen Geld mit negativen Aspekten wie Machtmissbrauch und Überheblichkeit. „Geld verdirbt den Charakter“, so heißt es. Ich weiß nicht, wie viele Menschen Sie kennen, die sich zu charakterlosen Unsympathen entwickelten, nur weil sie zu Geld kamen. Ich glaube, dass genau diese Menschen auch ohne Geld als charakterlose Unsympathen empfunden wurden, ihnen aber lediglich die Handlungsfähigkeit fehlte, andere zu dominieren. Es steht also zu befürchten, dass das subjektive Empfinden von Armut einen Menschen derart unzufrieden werden lässt, dass er hierdurch seine Sozialkontakte belastet, und sei es nur durch psychosomatische Störungen. Ich spreche aus, was jeder vermutet: Sich vermögend zu fühlen hat psychisch gesehen einen ähnlichen Status wie satt, ausgeschlafen und durstfrei zu sein – es ist nicht das Paradies auf Erden, hält aber den Rücken frei für Wichtigeres.

Zu D-Mark-Zeiten hatte ich einige Jahre mit einem 30-fachen Millionär zu tun. Den fragte ich, was denn das Geheimnis seines Reichtums wäre. Er stammte weder aus vermögendem Elternhaus noch hatte er nach dem 2. Weltkrieg mehr Chancen gehabt als andere. Trotzdem begründete er ein enorm erfolgreiches Konfektionsunternehmen. Seine Antwort war: „Herr Winter, Sie müssen es lieben, Geld zu verdienen." Ich stutzte, bedankte mich mit einem nachdenklichen „Aha …", aber er wiederholte insistierend: „Sie haben nicht verstanden: *Sie müssen es lieben, Geld zu verdienen!*" Und er betonte dabei jedes einzelne Wort. „Jedes dieser Worte ist dabei wichtig, Herr Winter!" Und er erklärte mir, zunächst müsse es um mich persönlich gehen, wenn ich selbst vermögend werden will. Nicht jemand anders muss das Geld für mich verdienen, sondern ich selbst. Dann muss ich es auch lieben, das Geld zu verdienen, und nicht einfach nur angenehm finden oder für gerecht halten, es zu bekommen. Es sollte werden wie ein Hobby. Klar, der Wunsch des Unterbewusstseins, nicht der des Verstandes entscheidet. Das Geld muss auch verdient sein, nicht gewonnen, geschenkt oder ergaunert, denn sonst ist es mit einem unterbewussten Fluch behaftet, der es schneller wieder verschwinden lassen kann, als es gekommen ist, und noch weiteres Geld mit hinfortreißt. Das kann man an vielen

Geld vermehren mit einem Ritual

Manche von Ihnen mögen es schon kennen: Nehmen Sie ein Bündel Geldscheine, die Sie für verdient halten, und ordnen Sie diese nach Wert und Größe. Legen Sie dieses Geld an einen sicheren Ort und stellen oder legen Sie einen rituellen Gegenstand – etwa ein bedeutsames Schmuckstück oder am besten eine Miniatur-Edelsteinpyramide – darauf. Falls Sie eine Pyramide nehmen, achten Sie bitte darauf, dass die vier Seiten zu den vier Himmelsrichtungen zeigen. Sobald Sie wieder eine Banknote bekommen, sortieren Sie diese ebenfalls in den Stapel ein. Sie werden sich nach einer Weile wundern, wie sehr sich Ihr Geld anhäuft. Erklärbar wird dieses Phänomen durch die erhöhte Affinität zu Besitz sowie die vollzogene Wohlstandsverwaltung, im Gegensatz zur Mangelverwaltung. Viele meiner Leser, die diesen kleinen Trick ausprobierten, waren erstaunt, wie gut diese „unlogische Albernheit" ihr Geld vermehrt.

Lottomillionären sehen, die ihre Gewinne nach wenigen Jahren verprasst haben und nun aufgrund von Verbindlichkeiten ärmer sind als vorher. Über Schuldgefühle und deren verheerende Auswirkungen haben wir ja schon gesprochen. Sie müssen es also wirklich lieben, Geld zu verdienen, dann klappt's auch mit dem Vermögensaufbau. Wenn Sie Ihrem verdienten Geld dann zudem noch Ihr erhöhtes Bewusstsein zuwenden, werden Sie über den Geldzuwachs staunen können (→ Kasten).

Doch ich möchte noch eines meiner Werkzeuge beisteuern, um die Verdienstblockade zu verabschieden. Es ist die „Formel zum Geldverdienen". Sie lautet:

Verdienst = (Leistung + Wert) x Bekanntheitsgrad

Hierbei sei Leistung die Summe aus Zeit und Energie.

Das bedeutet: Wenn Sie etwas leisten und bekannt sind, aber Ihre Leistung für andere keinen Wert hat, dann fließt auch kein Geld von anderen. Dies träfe etwa für einen stadtbekannten Trunkenbold zu, der den ganzen Tag herumwandert. Fehlt zudem auch noch der Bekanntheitsgrad, wie etwa bei einem introvertierten Briefmarkensammler, dann fließt ebenso kein Geld. Sind Sie bekannt, können etwas Wertvolles, vollbringen diese Leistung aber nicht, etwa wenn Sie als Experte in den Ruhestand gehen, dann fließt ebenso kein Geld. Erst wenn alle Faktoren stimmen, bekommen Sie Geld – als Gegenwert für die Leistung. Wobei zudem Ihre Leistung noch der schwächste Faktor und Bekanntheitsgrad der stärkste Faktor ist, wie Sie am schon erwähnten Beispiel von Christoph Gottschalk sehen können. Rechtsanwalt Christoph Gottschalk verdient Geld mit Werbeverträgen, nur weil er von der Prominenz seines Bruders Thomas profitiert. Der Wert für andere entsteht durch Partizipation am Unterhaltungswert von Thomas.

Doch nicht nur für Künstler und Selbstständige, sondern auch für Angestellte und Beamte gilt der Faktor „Bekanntheitsgrad“ als der wichtigere. Sie müssen mit dem Wert Ihrer Leistungen bei genau demjenigen bekannt sein, der über Ihre finanziellen Zuwendungen entscheidet. „Marketing“ nennt man das. Und dies wird überall benötigt, wenn es darum geht, Geld zu verdienen, egal ob Sie als Beamter, Zeitsoldat oder Entertainer arbeiten: Derjenige, von dem Sie Ihr Geld beziehen, muss wissen, wofür er es Ihnen geben soll, sonst kommt das Geld nicht zu Ihnen.

Man sollte sich außerdem beim Erreichen seiner Ziele nicht allein auf das Geld konzentrieren, sondern tunlichst nur auf den guten Grund dafür. Erfolg ist das Umsetzen, das Manifestieren der Leistung in der Welt. Denken Sie daran: Beim Laufenlernen ging es Ihnen auch nicht primär ums Laufen; stattdessen wollten Sie etwas, das Ihre Aufmerksamkeit gefesselt hat, um jeden Preis erreichen. Das war womöglich die Obstschale auf dem Wohnzimmertisch oder die Schaukel im Garten.

Da Geld gern durch Wohlstand angezogen wird und nicht durch Mangel, sollten Sie sich idealerweise darüber im Klaren sein, dass Sie in einem sehr reichen Land leben. Falls Sie sich für arm halten, stellen Sie bitte einmal folgende Überlegung (schriftlich) an:

Wie viel Geld haben Sie innerhalb der letzten zwanzig Jahre besessen? Überschlagen Sie grob und rechnen Sie alles zusammen: Lohn, Geldgeschenke, Preise und Gewinne, Geldfunde, Steuer- und Versicherungsrückzahlungen, Prämien und Zinsgewinne. Rechnen Sie dabei DM in Euro zum Kurs von 1:1 (also: eine DM entspricht einem Euro). Haben Sie's? Dann ermitteln Sie bitte den Jahresdurchschnitt, indem Sie die Gesamtsumme durch die zwanzig Jahre teilen. So. Nun überlegen Sie: Wie lange werden Sie wohl noch Geld verdienen, inklusive Rente und Lebensversicherung? Diesen Zeitraum multiplizieren Sie mit Ihrem ermittelten Jahresdurchschnitt und addieren größere Summen aus Versicherungen, Verträgen und Verkäufen, falls Sie welche erwarten. Glauben Sie immer noch, Sie wären wirklich arm? Sie sind bereits Millionär. Um allerdings jederzeit Autos und Häuser kaufen zu können, müssen Sie mehrfacher Millionär sein und dazu gehört es eben, dass Sie es lieben, Geld zu verdienen.

Wie viel Geld werden Sie in Ihrem Leben noch für Energie und Wasser ausgeben? Sie *werden* dieses Geld ausgeben! Also werden Sie es auch *verdienen*. Selbst wenn Sie auf einer Parkbank oder unter einer Brücke wohnen und dieses Buch im Müll gefunden haben sollten: Sie kommen nicht drumherum, Geld zu verdienen, denn sonst könnten Sie sich weder ein Toastbrot noch eine Schachtel Zigaretten kaufen. Machen Sie sich bewusst, dass es unmöglich ist, kein Geld zu bekommen.

Doch ich betone noch einmal den wichtigsten Aspekt: Dauerhaft Geld *verdienen* werden Sie nur dann, wenn dieser Wert (für andere) auch von Ihnen selbst erkannt und akzeptiert wird. Sie dürfen kein Schuldgefühl wegen Ihres Geldes haben, sonst werden Sie es unterbewusst sehr schnell wieder los. Erst wenn Sie das, was Sie leisten, auch wirklich selbst für wertvoll erachten, werden Sie dauerhaft vermögend. Ihr Wertgefühl muss derart ausgeprägt sein, dass Sie sich in Anbetracht des Wertes Ihrer Leistungen als unterbezahlt empfinden, nur dann erreichen Sie den „verdienten" Wohlstand – eine Selbstwertstörung verhindert ihn.

Den Wert einer Währung bestimmt der Empfänger

Übrigens: Den Wert einer Währung bestimmt der Empfänger (egal, ob Sie dieser Empfänger selbst sind oder jemand anders). Das, was Sie vielleicht für ein hohes Opfer halten, ist für den Empfänger womöglich völlig wertlos. Ein schönes Beispiel liefert der Komödienschauspieler Vicco von Bülow alias Loriot in seinem Film „Pappa ante Portas" (1991). Dort spielt er einen

Frührentner, der in einer Szene seinem pubertierenden Sohn nach einem völlig verklemmten „Männergespräch" seinen alten Mantel schenkt. Dieser symbolische Akt war eigentlich als fast konspirative Solidaritätsbekundung für den Sohn gedacht. Doch dieser bietet all seine Höflichkeit auf, um den Annäherungsversuch des alternden Vaters mit scheinbarer Dankbarkeit für den hässlichen und altmodischen Mantel zu honorieren. Zum Brüllen komisch eigentlich, wenn wir nur nicht im täglichen Leben stets und ständig diesem Phänomen selbst begegnen würden. Wie vielfältig dieser Wert für andere ist, sehen Sie an zig Beispielen aus Ihrem eigenen Alltag: Sie opfern als Mann einen halben Sonntag, um beim Auto Ihrer Frau einen Ölwechsel vorzunehmen. Stolz und ölverschmiert präsentieren Sie im Anschluss Ihrer Frau den Wagen mit den Worten: „So, Schatz, der Motor schnurrt wie neu!" und erhoffen sich zumindest ein „Held-der-Arbeit-Küsschen" von Ihrer Liebsten, doch die gibt Ihnen völlig verstimmt und nonverbal zu verstehen, dass sie keinerlei Sinn dafür hat, dass Sie lieber am Auto herumschrauben, statt den Sonntag mit ihr zu verbringen. Den Wert der Währung bestimmt eben der Empfänger.

Anderes Beispiel: Ihr Kind will Ihnen imponieren und räumt freiwillig sein Kinderzimmer auf. Als es Ihnen endlich auffällt, lassen Sie sich zu einem zynischen „Na, das wurde ja auch Zeit" hinreißen, anstatt – wie erhofft – das „liebste Kind der Welt" zu loben oder zumindest das gestrige Computerspielmoratorium aufzuheben. Damit versetzen Sie dem guten Willen einen Todesstoß, Trotzhandlungen und Ablehnung Ihrer Erziehungsziele sind beim Kind nun vorprogrammiert.

Es ist also, wenn Sie einen Handel vorschlagen, zum frustrationsfreien Ablauf enorm wichtig, dass Ihr Gegenüber voller Überzeugung „einschlägt" – und das leider auch auf der Gefühlsebene.

Bereichern oder belasten Sie?

Noch schlimmer als eine wertlose Währung ist, wenn Sie Ihr Gegenüber „nerven“. Ich habe einmal eine soziologische Grundregel formuliert, die Sie auf jeden Fall kennen sollten, wenn Sie dauerhaft erfolgreich sein wollen. Sie lautet:

In einem Sozialkontakt wird stets entschieden: Bereichert oder belastet Ihre Anwesenheit oder der Gedanke an Sie?

Niemand kommt um die Antwort herum! Sie nicht und Ihr Gegenüber auch nicht. Wir können nicht anders, als immer abzuwägen, ob sich der Kontakt lohnt oder nicht. Vorsicht: Ein Sozialkontakt ist nur so lange neutral, wie keine Resonanzen auftreten. Sobald Sie etwas mehr mit Ihrem Mitmenschen zu tun haben, treten Sie in Resonanz, entweder negativ oder positiv. Und wehe, der Daumen Ihres Gegenübers zeigt nach unten, dann wird es bei nächstmöglicher Gelegenheit den Kontakt abbrechen. Höflichkeit, Stärke, Unterlegenheits- oder Schuldgefühl bei einem Menschen ermöglichen, dass er sich trotz Negativresonanz zunächst freundlich verhält und mitspielt. Aber verliert er sein Schuldgefühl oder seine Stärke, wird er sich abwenden. Besonders deutlich wird dies bei Pflegefällen. Während meiner Studienzeit habe ich als Pflegeassistent in der häuslichen Krankenpflege gearbeitet. Angehörige zeigen nach einer Weile sehr deutlich, ob es sich lohnt, Vater oder Mutter zu pflegen. Nach wenigen Monaten kommt die lebenslange Grundtendenz zum Vorschein. Angehörige, die ihre Pflegefälle als Belastung empfinden, vergessen bei der Pflege schnell mal das gründliche Rasieren, Fingernägelschneiden oder das Abendessen. Deshalb ist es auch nicht zu empfehlen, darauf zu setzen, dass die eigenen Kinder einen im Alter pflegen – zu oft wird von denen unterbewusst entschieden, dass die Eltern eine Belastung sind. Und danach wird dann gehandelt.

Nerven Sie in Ihrem Job, fliegen Sie eines Tages raus, sobald die Gelegenheit dazu besteht. Sind Sie eine wirkliche Bereicherung für denjenigen, der über Sie zu entscheiden hat, läuft er Ihnen bis nach der Rente noch hinterher. Ich weiß, dass Sie das entrüstet, aber sehen Sie sich um: Sehr viele Menschen beklagen sich darüber, dass man ihnen am Arbeitsplatz das Leben schwer macht. Anstelle dies einfach zu ändern, gibt man der Sache zunächst erst einmal einen Namen: Mobbing. Damit ist schon mal klar, hier haben wir es nicht etwa mit einer völlig normalen und leicht zu verändernden Eigenschaft menschlichen Zusammenlebens zu tun, sondern mit einer bösen, bösen Angelegenheit, in die man da wohl irgendwie hineingeraten ist. Erscheint Ihnen meine Sichtweise zu übertrieben? Dann nennen Sie mir doch mal bitte den Fachausdruck dafür, dass sich kleine Kinder oft die Knie verletzen.

Anerkennung gewinnen

Freundlich und respektvoll den Mitmenschen gegenüber sein, Hoffnung machen und seine Glücksgefühle teilen, das bringt immer Anerkennung. Lächeln Sie, geben Sie Vorschussvertrauen, ärgern Sie sich nicht über sich und andere. Bringen Sie Schwung in Ihre Stimme, Ihren Blick und Ihre Körperhaltung. Es muss Freude machen, an Sie zu denken.
Daher sind Selbstvertrauen und Selbstliebe so wichtig. Tun Sie einen Tag lang einmal so, als seien Sie dankbar für jeden Menschen, den Sie sehen.

Gibt es nicht. Sehen Sie? Völlig normale Dinge, die man mangels Reife selbst verschusselt, bekommen keinen Namen, weil jeder weiß, das geht vorbei. Möchten Sie, dass das Mobbing ein Ende findet? Dann durchbrechen Sie Ihr eigenes Mobbing-Muster! Sorgen Sie dafür, dass Sie eine Bereicherung werden, wenn man an Sie denkt!

Das Mittel gegen Mobbing

Wenn Sie Mobbing-Opfer sind, sollten Sie zunächst wissen, dass ein Täter nur zum Täter wird, wenn das Opfer ein Opfer wird. Gemäß Algorithmus der Psyche wissen Sie, dass Sie ja selbst stets versuchen, der Täter zu sein, selbst wenn Sie sich dafür zum Opfer machen müssen. Analysieren Sie also zunächst einmal die Motivation des Täters. Warum wohl sollte er Sie mobben? Was genau hat er davon? Machtgewinn vielleicht. Einverstanden. Warum wurde dieser Machtgewinn so notwendig? Wodurch fühlte er sich entmachtet? Sagen Sie jetzt nicht: „Weiß ich nicht“, sondern denken Sie nach, Sie wollen schließlich eine Lösung. Was hat dieser Mensch wohl erlebt, um so ein machtbesessener Egoist zu werden?

Nun analysieren Sie sich selbst: Warum sind wohl ausgerechnet Sie zum Opfer erwählt worden? Wie haben Sie es geschafft, dass der Täter Sie nicht respektiert, sondern erniedrigen will? Seit wann lassen Sie es sich gefallen, dass man Sie erniedrigt? Wer hat Sie zum ersten Mal im Leben erniedrigt (Sie waren da noch sehr klein!)? Welche Gemeinsamkeit haben Ihr Mobbing-Täter und Ihr Kindheits-Täter?

Voilà! Da haben Sie es: Sie haben sich den Täter ausgesucht, um eine alte Rechnung mit Vater, Mutter oder sonst wem zu begleichen. Sie glauben noch immer, jemand anders hätte Macht über Sie, und versuchen mit Ihrem Sichmobben-Lassen zu zeigen, wie verletzt und angreifbar Sie sind, obwohl Sie doch grundanständig sind. Hören Sie auf, irgendjemandem etwas zu zeigen, kommunizieren Sie lieber! Sorgen Sie dafür, dass der Mobber Sie nicht mehr erniedrigen kann, indem Sie sich entweder rechtzeitig selbst erniedrigen (das ist ernst gemeint! Es funktioniert tatsächlich, wenn Sie es absichtlich tun) oder einfach Ihre Arbeit machen, so gut das die Firma zulässt. Wenn Sie nun sagen: „Ich kann so meine Arbeit nicht machen!“, dann begründen Sie dies Ihrem Chef gegenüber, denn der ist dafür zuständig, die notwendigen Strukturen zu schaffen, damit Sie arbeiten können – dafür wird er bezahlt. Wenn er seinen Job nicht beherrscht, sollten Sie überlegen, ob Sie nicht lieber selbst seinen Job übernehmen. Sie dürfen das: „Chef werden“. Man bezahlt Sie zwar nicht dafür, aber als Mobbing-Opfer letztlich krank zu werden ist ja nun wirklich keine Alternative. Also: Nicht jammern, sondern verändern. Bedenken Sie: Sie sind kein Kind mehr. Kein Mensch interessiert sich wirklich dafür, wie es Ihnen geht, wenn Sie nicht selbst dafür sorgen, für andere unersetzlich zu sein.

Glauben Sie bitte nicht, Sie wären abhängig von Ihren Kollegen oder Ihrem Arbeitgeber. Sie haben immer eine Wahl – einen Preis dafür zahlen Sie ohnehin.

Vor einigen Jahren wandte sich eine junge Frau Rat suchend an mich mit der Bitte um einen Bürojob in meinem Institut. Sie berichtete mit den Tränen kämpfend von den Zuständen in der Firma, in der sie als Bürogehilfin arbeitete. Die Chefsekretärin wäre eine gemeine falsche Schlange, die neidisch auf die Kompetenz und Attraktivität der neuen Kollegin sei, zumal sie einst eine Affäre mit dem Chef gehabt hatte, die aber nun beendet sei, und Konkurrenz witterte. Der Chef selbst wäre mit seinen Aufgaben überfordert und unzugänglich für zwischenmenschliche Problematiken bei seinem Personal. Außerdem managte er nach Vogel-Strauß-Manier und ließ sehr viele Kundenanfragen und wichtige Terminarbeiten einfach liegen.

Ich riet der verzweifelten jungen Frau, der von ihr gefürchteten Chefsekretärin ein ernst gemeintes Friedensangebot zu unterbreiten, und schlug vor, als ersten Annäherungsversuch die Sekretärin zu fragen, ob sie ihr eine Tasse Kaffee mitbringen solle, wenn sie ohnehin aus der Teeküche käme. Sollte diese Geste fruchten, wäre der nächste Schritt ein offenes Gespräch über die Verhältnisse in der Firma. Um diese Geschichte etwas zu verkürzen: Dieses Friedensangebot wurde von der Chefsekretärin zwar argwöhnisch und misstrauisch betrachtet, aber letztlich fanden die beiden sogar auf neutralem Boden in einem Eiscafé zu einem Gespräch zusammen und redeten ganz offen über ihre Enttäuschungen und Ängste. Am Ende begannen beide, einige vom Chef ungeliebte und

Nicht kämpfen ...

Ein Beispiel, wie man Frieden schließen und Stress minimieren kann, ohne dass die Welt sich ändern muss, finden Sie in meinem Video-Newsletter SCOUT VIDEO 9/2011 auf **www.andreaswinter.de**. Dort berichte ich von einer Fliege, die mich so sehr nervte, dass ich sie eigentlich mit einer Zeitung erschlagen wollte. Da ich keine Zeitung greifbar hatte, musste ich mir etwas anderes einfallen lassen. Eine Strategie, die bereits im Matthäus-Evangelium beschrieben wurde: Nicht kämpfen, sondern gewähren lassen, bewegt den Feind zum Frieden – wenn man weiß, wie.

liegen gebliebene Arbeiten selbst zu erledigen, woraufhin sie sich fast konspirativ gegen den Chef verschworen, sich durch die neu erworbene Prokura wesentlich kompetenter fühlten und die ganze Firma von dem neuen Schwung der „neuen, inoffiziellen Geschäftsleitung" profitierte.

Gehen Sie ran an Ihre vermeintlichen Feinde, denn niemand will Ärger. Alle wollen zufrieden sein – nur weiß kaum einer, wie er das hinbekommen soll. Ein Friedensangebot muss allerdings wirklich konsequent durchgezogen werden. Halten Sie die Wange des Friedens fünf Mal hin, denn vier Mal wird darauf geschlagen! Riskieren Sie alles, aber bleiben Sie bei Ihrer Bereitschaft, Streit und Feindschaft zu beenden – sonst werden Sie für alle Zeiten unglaubwürdig. Diese Lehre findet sich in den meisten heiligen Schriften in Bezug auf das friedliche Zusammenleben: Frieden muss authentisch sein, sonst ist es keiner. Einige „ewige" Kriegsschauplätze auf dieser Erde zeigen deutlich, dass zum Frieden die unbedingte Bereitschaft und Fähigkeit zumindest einer Partei notwendig ist.

Kritik liebevoll annehmen

Wir hatten vorhin von Marketing gesprochen. Hier gibt es noch eine weitere Erfolgsabsichts-Blockade, die sehr tückisch sein kann. Dass man hierzulande nicht gut über sich sprechen darf, haben wir ja ausführlich besprochen. Wer aber Marketing für sich macht oder machen lässt, der steht damit natürlich auch im Scheinwerfer der Öffentlichkeit. Das wiederum wird Kritiker auf den Plan rufen.

Wir denken oft, dass Kritik ein Peitschenschlag ist, doch es gibt es zwei Arten von Kritikern. Die einen, die Ihnen einfach nur unreflektiert ihre Meinung um die Ohren hauen und sich damit über Sie stellen wollen. Das ist sicher für den oberschlauen Gernegroß ein erhabenes Gefühl, aber für Sie praktisch wertlos, und wird damit ohne Reaktion bleiben. Die einzige Info, die darin steckt, wenn Sie von jemandem destruktiv kritisiert werden, ist die Anerkennung, dass er Sie für einen angemessenen Gegner hält, bei dem es sich lohnt, ihn zu demütigen. Solche Leute sind jedoch keine Kritiker, sondern selbstwertgestörte Patienten.

Einen echten Kritiker erkennen Sie daran, dass er sich bemüht, Sie mit seiner Beobachtung/Analyse zu unterstützen. Ein Kritiker ist kein Warner oder Abratender, sondern ein Systemoptimierer. Was er sagt, tut nicht weh (es sei denn, Sie haben selbst eine Selbstwertstörung), sondern enthält wertvolle Angaben, mit denen Sie Ihren Standpunkt abgleichen können. Ich selbst lasse üblicherweise meine Manuskripte von kritischen Testlesern prüfen. Was die im Text beanstanden, das ändere ich umgehend. Am Ende habe ich ein Manuskript, das vielleicht nicht jedem passt, aber dafür dem Großteil *meiner* Leser gefällt.

Auch empfehle ich allen Kritikscheuen: „Zeige dich freiwillig, sonst wirst du entdeckt!“ Nichts wäre ungünstiger, als so zu tun, als hätte man keine Schwachstellen, um dann von einem eifrigen Fehlersucher ins Rampenlicht gezogen zu werden. Wenn Ihr schlechtes Gewissen Sie zum Perfektionismus zwingt, bestellen Sie ihm einen schönen Gruß von mir und fordern Sie es auf, doch bitte selbst alles perfekt zu machen. Nehmen Sie Kritik hin, ohne sich dabei gebremst oder gekränkt zu fühlen. Und dann ab mit Ihnen auf die Bühne des Erfolgs, mit allen Schwächen und Fehlern, die Sie haben! Nobody is perfect. Seien Sie stets dankbar dafür, wenn man Sie konstruktiv kritisiert. Das bringt Sie weiter.

Investieren Sie in sich selbst!

Ein weiterer wichtiger Aspekt zur Karriere ist die Investition in die eigene Person. Bilden Sie sich weiter, tragen Sie gute Kleidung, und achten Sie auf ein harmonisches Äußeres. Dabei ist es egal, ob Sie aussehen wie John Lennon oder Barack Obama, Hauptsache, Sie wirken zufrieden und authentisch. Geben Sie einen Teil Ihres Geldes dafür aus, dass Sie Ihre Fähigkeiten und Talente ausbauen und man auch von Ihnen erfährt. Sie könnten das Potenzial zum Liegestütz-Weltrekordler haben – trainieren Sie nicht und erfährt man nichts von Ihnen, nützt Ihnen das Talent gar nichts. Jeder Euro, den Sie in sich selbst investieren, steigert Ihren Wert. Erinnern Sie sich, dass der Wert einer Währung vom Empfänger bestimmt wird – und der entscheidet, ob Ihre Anwesenheit nervt oder angenehm ist.

Investition erfordert Selbstvertrauen und Selbstwertgefühl. Wenn Sie selbst für sich keinen Cent ausgeben würden, weil Sie ihn für vergeudet halten, dann sollten Sie es selbstverständlich auch nicht tun. Das sollte dann allerdings auch niemand anderes. Wenn Sie sich für wertlos halten, dann warnen Sie damit die Welt vor sich. Viele Menschen investieren spekulativ in ein Angestelltenverhältnis. Verbringen Zeit und Geld damit, ein guter Angestellter zu sein. Doch mal ehrlich: Wenn Sie ein Monatsnettoeinkommen von 2.000 Euro bekommen möchten, muss Ihre Arbeitswertigkeit rund 6.000 Euro ausmachen – und das jeden Monat. Schließlich kostet Ihr Arbeitsplatz Geld – Miete, Mobiliar, Strom, Heizung, Reinigung, technische Geräte, Marketing, Versicherungen, Steuern und Beiträge. Wenn Sie also Ihrem Arbeitgeber 6.000 Euro jeden Monat wert sind und das offenbar ja auch mindestens erwirtschaften (der Unternehmergewinn kommt noch hinzu!), dann können Sie auch in sich selbst investieren. Die Zeit, die Sie für die Firma verbringen, um 2.000 Euro zu bekommen, können Sie gut für sich mit Entwicklung und Marketing verbringen und haben vielleicht sogar noch mehr Spaß daran! Natürlich benötigen Sie dafür ein paar Kenntnisse, Unterstützung und Fertigkeiten, aber für über 70.000 Euro Jahresumsatz kann man ja ruhig mal etwas in die Hände spucken.

Hierfür gilt die gleiche Formel, wie für den Landwirt, der Saatgut auf den Acker streut: Einen Teil fressen die Raben und ein Teil geht nicht auf. Und erst nach einiger Zeit wird aus dem restlichen Teil die Ernte. Doch aus der backt man Brot und Kuchen und streut den Rest wieder auf den Acker. Und wieder fressen einen Teil davon die Raben und so weiter.

Schmeißen Sie Ihr Geld nicht den Spekulanten, Konzernen und Lottoannahmestellen in den Rachen! Investieren Sie in sich selbst!

Doch selbst wenn Sie lieber angestellt bleiben wollen, so möchte ich Ihnen dennoch raten: Arbeiten Sie so, als wären Sie eigenverantwortlich (denn Sie sind es!). Viele Angestellte fühlen sich von der Geschäftsleitung ausgenutzt und übervorteilt und entwickeln dann aus Gründen der Genugtuung eine Art Schmarotzerhaltung. Kein Unternehmen übersteht so etwas auf Dauer. Ich habe in zahlreichen Seminaren für Firmen den Mitarbeitern geholfen, sich selbst wieder etwas mehr mit den Firmenzielen zu identifizieren, und immer und ausnahmslos erwies sich dies als Win-win-Situation für den Angestellten und die Geschäftsleitung.

Investieren bedeutet, Erfolgssaat zu säen und Vertrauen zu haben. Denn ohne das Vertrauen, dass Sie mehr bekommen, als Sie geben, entwickeln Sie die Wohlstandsblockade Geiz.

Geiz

Sie haben richtig gelesen: Wohlstandsblockade. Bestimmt kennen Sie den Comic-Geizhals Dagobert Duck, den der amerikanische Cartoonist Carl Barks 1947 als Scrooge McDuck ins Leben rief. Duck besitzt unglaublich viel Geld und fühlt sich noch immer so arm, dass er einen extremen Geiz entwickelt. Er ist der Prototyp des Geizkragens. Geiz ist genau wie Übergewicht ein „Stellvertreterkampf", bei dem es also nicht um die eigentliche Sache geht, sondern um das, was damit verknüpft wurde.

So sind es etwa beim Übergewichtigen nicht die Nährstoffe, die ihm fehlen – ein Mensch mit Übergewicht hat meist keinen Nährstoffmangel, sondern es fehlt ihm etwas, weswegen er die Nährstoffe zu sich genommen hat. Die symbolische Bedeutung bestimmter Speisen macht dick. Immer dann, wenn man glaubt, seine Nahrung würde ein Wohlgefühl auslösen, und man sich von diesem Auslöser des Wohlgefühls abhängig fühlt, hält der Körper die Nährstoffe fest. Wir nehmen nicht zu, weil wir zu viel essen, sondern weil wir Angst haben, wir hätten zu wenig!

Genauso ist es mit Geiz: Der so in seiner Persönlichkeit Gestörte glaubt, mit Geld etwas ganz Bestimmtes zu erreichen, das er ohne Geld nicht bekäme. Das könnte soziale Anerkennung, Handlungsfähigkeit, Freundschaft oder gar Liebe sein. Daher hält der Geizhals an Geld fest, obwohl er mehr hat, als er braucht. Geld selbst ist in diesem Falle gar nicht das Begehr der Psyche, sondern das, wofür Geld steht – meist ist dies übrigens nicht das Geld selbst, sondern die Sparsamkeit. Sparsamkeit bringt elterliches Lob ein bzw. verhindert elterliche Ablehnung. Einem solchen Menschen kann geholfen werden, wenn er sich psychisch aus der Abhängigkeit von den Eltern löst. Damit wird dem Geldgeiz die Grundlage entzogen.

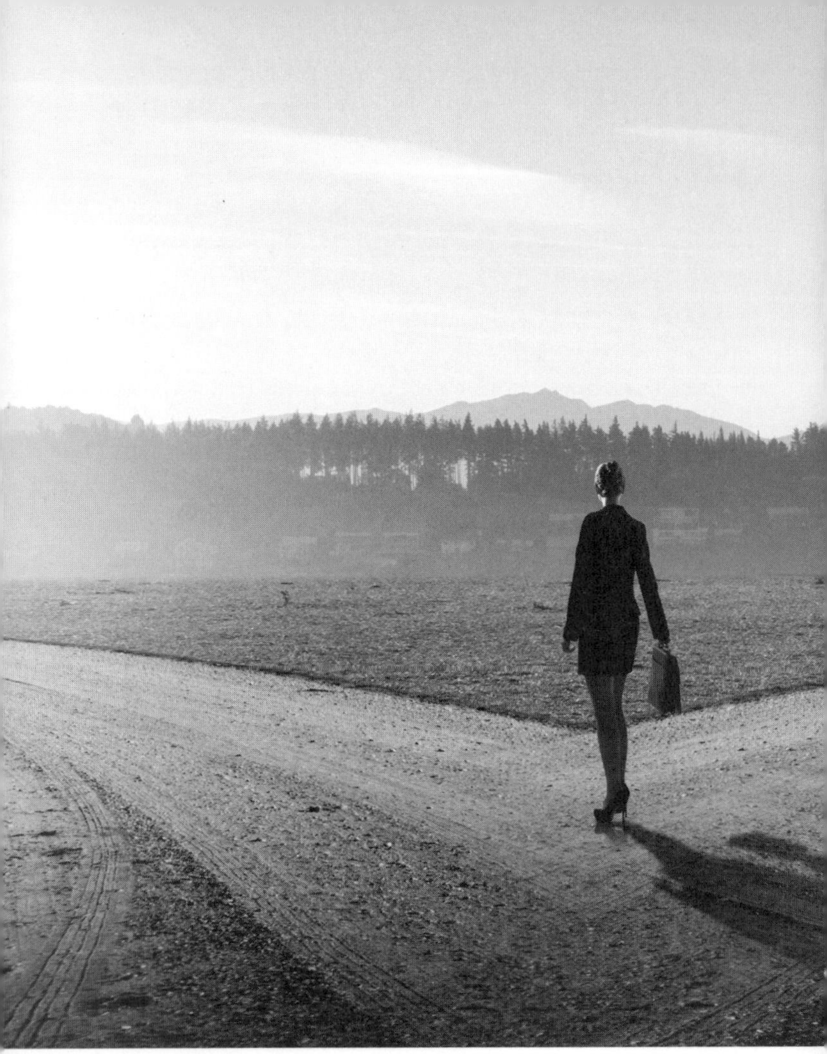

III. Live aus der Praxis

Hier beschreibe ich Ihnen eine Reihe von Fallbeispielen[9] aus der Praxis. Das Besondere dabei ist, dass sich Erfolgsblockaden nicht nur auflösen lassen, sondern dies auch meist in einem einzigen Coaching-Termin geschieht. Der Mensch wird durch seine Gedanken gesteuert – und Gedanken lassen sich innerhalb von Sekunden durch Erkenntnisse verändern.

Nicht reicher sein dürfen als der Vater

Als der 35-jährige Versicherungskaufmann Thorsten S. im Frühling 2005 zu mir in die Praxis kam, wollte er eigentlich nur „ein bisschen Selbstbewusstsein tanken“, um künftig mehr Durchsetzungskraft in seinem Job zu bekommen. Seit Jahren schon bemühte er sich um berufliches Fortkommen und um ein höheres Gehalt, doch irgendwie scheiterte er immer im entscheidenden Moment. Selbstzweifel ließen ihn eine Karrierechance nach der anderen verpassen. Kollegen, die mit ihm zusammen in der Firma angefangen hatten, waren in Bezug auf Gehalt schon längst an ihm vorbeigezogen.

Bei einem meiner Vorträge zum Thema „Selbstbewusstsein lernen“ hatte Thorsten ein paar Wochen zuvor bereits erfahren, dass Selbstwertstörungen durch Vergleiche mit anderen zustande kommen: Vergleichen wir uns mit Menschen, die wir bewusst oder unterbewusst geringschätzen, so fühlen wir uns diesen überlegen. Erleben wir jedoch eine Vergleichssituation – und das kann bereits der Gedanke an einen Menschen in einer bestimmten Situation sein – mit jemandem, der uns Respekt einflößt oder Angst macht, so entwickeln wir Unterlegenheitsgefühle. Diese Unterlegenheitsgefühle stellen für einen Menschen keinen Anreiz dar, Ehrgeiz zu entwickeln, sondern sind bereits das Ergebnis einer unterbewussten Entscheidung: kein Machtgewinn – also Rückzug. Fatal ist, dass diese Minderwertigkeitsgefühle meist eine höhere Halbwertszeit haben als Euphorie, die oft nur von geringer Nachhaltigkeit ist.

So erklärte ich dem jungen Mann, dass „ein bisschen Selbstbewusstsein tanken“ nur etwas bringt, wenn wir zunächst „den Keller aufräumen“, also Ängste und Minderwertigkeitsgefühle von der Ursache her auflösen. Thorsten willigte ein und so stellte ich ihm zunächst die üblichen Fragen zu seiner Biografie. Unter welchen Geburtsumständen war er geboren, gab es Traumatisierungen, in welcher Geschwisterkonstellation war er herangewachsen und wie war das Verhältnis zu den Eltern? Solche und viele andere Dinge, mit denen ich mein Gegenüber gründlich kennenlernen kann, werden zunächst abgefragt. Hierbei stieß ich auf etwas sehr Interessantes. Thorsten bewunderte und fürchtete seinen Vater zugleich. Dieser hatte sich mit nur geringer Schulbildung als Bergmann durch harte Arbeit auf einer Zeche emporgearbeitet und es schließlich zu einem für die damalige Zeit recht hohen Gehalt von monatlich über 3.000 DM gebracht. Auf diese Summe war er ganz besonders stolz, sodass dem Sohn diese Gehaltshöhe offenbar ständig als „magische Grenze" suggeriert wurde.

Problematisch war nur, dass der Vater hart körperlich arbeitete und „Kopfarbeit" stets herabwürdigte. Gerne hätte der Vater gesehen, wenn sein Sohn es ebenfalls durch „harte Arbeit" zu etwas gebracht hätte. Thorsten war aber von seiner Persönlichkeit her eher ein „Träumer und Denker" und so arbeitete er lieber am Schreibtisch als mit Muskelkraft. Das brachte den feinfühligen jungen Mann nicht nur um die Anerkennung seines Vaters, sondern er zog sich sogar dessen Verachtung zu. „Seiten umblättern und mit dem Taschenrechner rumtippen ist keine Arbeit" lautete der Kommentar von Thorstens Vater zu seiner bestandenen Kaufmannsprüfung. Daraufhin war Thorsten so bitterlich enttäuscht, dass er den Kontakt zum Vater abbrach. In einer etwa einstündigen Sitzung, in der ich die bildhafte Erlebnisfähigkeit meines Kunden einmal nutzte – und nicht so sehr die Rationalisierungsfähigkeit, den Verstand –, brachte ich Thorsten dazu, sich in die Biografie seines Vaters hineinzuspüren. Nach nur wenigen Minuten war Thorsten klar, dass sein Vater sich selbst nie zugetraut hatte, kraft seines Intellektes erfolgreich zu sein. Harte Muskelarbeit war sein Erfolgsrezept. Seinen eigenen Sohn empfand der Vater als Bedrohung seines Selbstwertes, sodass er fortan dessen gesamte intellektuelle Bemühungen aus reinem Selbstschutz diskreditierte. Mit Demütigungen verankerte der Vater beim Sohn unbewusst und sicher auch versehentlich, dass dieser, falls er die „magische Verdienstgrenze" ohne Schweiß und Knochenarbeit überschritt, vom Vater endgültig geächtet würde.

Sowie Thorsten dieses Umstands gewahr wurde, empfand er zunächst eine unbändige Wut auf den Vater. Tränen voller Enttäuschung rannen dem schluchzenden jungen Mann das Gesicht herunter, derweil er sich bei mir noch im „Betriebszustand" einer stabilen Trance befand.

Irgendwann wich der Groll jedoch dem tiefen Verständnis, dass der Vater es eigentlich gut gemeint hatte und dem Sohn lediglich sein eigenes Erfolgskonzept hatte übertragen wollen. Die Lösung des ganzen Dilemmas lag darin, dass ich Thorsten den Gedanken anbot, sich in seinen Vater „hineinzudenken": Wie würde sich sein Vater fühlen, wenn er, sein Sohn, nun doch mit Kopfarbeit vermögend werden würde? Der „Hintergedanke" dabei: Wenn der Sohn durch Intelligenz reich werden würde, dann konnte der Vater ja folglich so dumm gar nicht sein. Thorsten erkannte während des Nachdenkens für sich sogar die offenkundige, aber zurückgehaltene Anerkennung des Vaters für die schulischen Leistungen. Das löste den Knoten. Noch im selben Jahr durchbrach der Sohn mit einem monatlichen Nettoverdienst von über 2.500 Euro die einstige geistige „Verdienstschallmauer".

Aber nicht nur finanzieller Erfolg lässt sich durch das Aufheben von Blockaden erreichen. Auch Klassenarbeiten und Prüfungen lassen sich in Erfolge verwandeln, wenn man weiß, wie.

Abitur ohne Pauken

Von März bis Mai 1985 absolvierte ein damals 19-jähriger junger Mann seine Abiturprüfungen, die aus drei vierstündigen Klausuren und einer mündlichen Prüfung mit schriftlichem Teil bestanden. Dieser Mann hatte einen Großteil seiner Schulzeit allerdings nicht auf dem Gymnasium verbracht, sondern auf einer Hauptschule, nachdem das Halbjahreszeugnis im sechsten Schuljahr eher „Fünfer-lastig" ausgefallen war. Sogar in Kunst und Englisch hatte er die schlechtesten Noten kassiert, die das Schulsystem hergibt. Nun ist es so, dass das Bildungsniveau auf einer Hauptschule in den 80er-Jahren in Nordrhein-Westfalen derart gering war, dass es diesem Jungen nach der Zeit auf dem Gymnasium so vorkam, als würde er hier überhaupt nichts mehr lernen können. Am Ende der zehnten Klasse Hauptschule fehlten ihm folglich alle Ambitionen für einen Beruf. Zwar vielseitig interessiert, aber generell unbegabt, gab es eigentlich keine Chance auf einen Ausbildungsberuf seiner Neigung. Weder handwerklich noch im Dienstleistungssektor oder in der Produktion fühlte er sich zu einer Arbeit berufen, und meist reichten auch die Noten in Mathematik und Deutsch nicht aus, um überhaupt einen Job zu bekommen. Also beschloss er, die gymnasiale Oberstufe zu besuchen, in der Hoffnung, noch ein bisschen Zeit für die Berufswahl zu gewinnen und seine Chancen zu erhöhen.

Nun kam nach drei, für ihn viel zu kurzen Jahren die Zeit der Abiturklausuren und Prüfungen. Die Prüfungen umfassten den Stoff der vergangenen zwei Schuljahre, so hieß es. Das Problem: Unser Kandidat hatte sich in den letzten Jahren mehr um Rockmusik und Mädchen gekümmert als um den für ihn realitätsfremden Stoff im Unterricht, und nun sollte plötzlich alles abgefragt werden. Gerade die Naturwissenschaften wie Mathematik, Physik, Biologie und Chemie waren ein absolut weißer Fleck auf seiner geistigen Landkarte. Seine zu prüfenden Fächer waren Englisch, Pädagogik, Kunst – und ausgerechnet auch noch Biologie. Eine Nulllinie im Gehirn war bei diesem Fach die höchstmögliche Aktivität für ihn. Angst trieb ihm den Schweiß auf die Stirn. Der erste Moment von insgesamt vieren war gekommen, in dem es hieß zu bestehen. Es ging um die Zukunft.

Als der Druck fast unerträglich war, kam ihm sein eigenes Unterbewusstsein zu Hilfe. Denn eines der privaten Interessen dieses Mannes galt seit der Kindheit schon der spannenden Welt der Psychologie. Und so erinnerte er sich zu Beginn der ersten Klausur plötzlich daran, dass das menschliche Gehirn eine fast unendliche Speicherkapazität besitzt und niemals etwas wirklich vergessen kann, es jedoch unter fremdbestimmtem Druck wesentlich schlechter arbeitet als im entspannten Zustand. „Wir können alles und in Ruhe alles besser", so wusste er.

Unser Kandidat griff zu einem Trick. Er schloss die Augen, zählte von drei bis null und stellte sich vor, dass er nun die nächsten vier Stunden im Klassenzimmer sitzt und schreibt. Gäbe er ein leeres Blatt ab, bekäme er die schlechteste Note, eine „Sechs". Würde er aber irgendetwas zu Papier bringen, bestünde bereits die Chance auf eine „Fünf". Würde er aber sogar etwas einigermaßen Sinnvolles formulieren, so bestünde die Chance auf eine „Vier" und damit wäre die Klausur bestanden. Das Schlimmstmögliche: Er könnte durchfallen und müsste die gesamte Prüfung wiederholen. Das erschien ihm jedoch durchaus verkraftbar. Damit verschwand die Angst. Also beschloss unser Abiturient, einfach zu schreiben, was ihm einfiel. Egal was. Einfach schreiben. Nach einigen Wochen stand das Ergebnis fest:

Biologie Vier. In den übrigen Fächern: Englisch Zwei, Pädagogik Zwei und in Kunst sogar eine Eins. Dieser Schüler weiß bis heute nicht, wie er das eigentlich gemacht hat. Aber er weiß, dass das Gehirn einen nicht im Stich lässt, wenn man es einmal wirklich braucht. Nicht dass Sie mich falsch verstehen: Ich sage nicht zu einem Schüler: „Lerne nicht für die Schule und lehne dich zurück, es wird schon irgendwie werden", sondern ich sage: „Lerne, so viel du lernen kannst, und lehne dich dann zurück, wenn es dir *wirklich egal* ist, ob du bestehst oder nicht!" Die Schule schenkt einem nichts, doch sie darf auch nicht anstrengen, sonst bleibt nicht viel hängen (außer der Schüler selbst).

Einige von Ihnen, liebe Leser, vermuten es bestimmt bereits: Das war meine eigene Geschichte. Genauso habe ich im Anschluss an die Schule im Studium auch meine Diplomprü-

Erfolgsverstärker Emotion

Zu einer Höchstleistung brachte es im Frühjahr 2018 ein Freund von mir. Er machte mit über 40 Jahren noch seinen Motorradführerschein - innerhalb von 72 Stunden! Wie er das angestellt hat? Ganz einfach: In einem Auslandsurlaub lieh er sich für einen Tag eine Maschine aus. Ein paar Kontinente weiter wurde da nicht so genau hingeschaut, ob eine Fahrerlaubnis vorlag, oder nicht – und fuhr. Er hatte den ganzen Tag über einen solchen Spaß am Motorradfahren, dass dieses Erlebnis die emotionale Priorität des Fahrens auf Platz eins verschob. Nach wenigen Wochen in der Heimat meldete sich mein Freund zur Fahrschule an, und durchlief alle Instanzen in Rekordzeit! Geht doch, wenn man einen guten Grund hat!

fungen gemacht – und gut bestanden. Genauso arbeite ich noch heute: mit dem Selbstvertrauen, dass das Gehirn sich nicht durch Anstrengung zum Arbeiten zwingen lässt, sondern allein durch einen festen Wunsch und die dazu nötige Gelassenheit seine Erfolge ermöglicht. Zielen – loslassen – erreichen!

Ihr Gehirn kann natürlich noch viel mehr als nur Klassenarbeiten meistern. Es kann Sie auch zu sportlichen Höchstleistungen bringen.

Marathontraining ohne Schweiß

Hier haben Sie ein schönes Beispiel für einen klassischen Future Pace: Detlef P. war Stammkunde bei mir, der sich bei vielen privaten und beruflichen Belangen ein Coaching gönnte. So kam er eines Tages mit einer ganz konkreten Fragestellung zu mir:

Er wollte wieder einmal einen Marathon laufen, war aber schon etwas eingerostet und hatte natürlich keine Zeit, besonders viel zu trainieren. Ich weiß nicht, ob Sie schon einmal Marathon gelaufen sind, aber ich weiß, dass die rund 42 Kilometer einen Menschen im Extremfall sogar töten können, wie offensichtlich auch der antike Held aus der griechischen Marathon-Legende wohl leider hatte erfahren müssen. Zumindest einen Kreislaufkollaps riskiert man schnell, wenn man nicht ein langes und ausdauerndes Konditionstraining absolviert – so glauben die meisten. Detlef glaubte das nicht. Er wusste bereits, dass unser Gehirn völlig unabhängig von materiellen Realitäten Steuerungsbefehle an Herz, Kreislauf und Muskeln geben kann. Er hatte bereits gute Erfahrungen mit meiner Selbstcoaching-CD

„Muskelaufbau" gemacht und kannte auch die Erfolgsgeschichten der russischen Olympioniken, die ich in meinem Buch „Anti-Aging" beschrieben habe. So trafen wir uns zum „geistigen Marathontraining" an einem einzigen Termin bei mir in der Praxis. Meine Strategie bestand darin, zunächst Detlefs Motivation herauszuarbeiten. Warum wollte er überhaupt laufen?

Der Laiensportler erhoffte sich das Gefühl von Freiheit, Selbstbestimmtheit – und einen Endorphinstoß. Es ist oft so: Wenn ein Kind im Mutterleib von der Mutter besonders ersehnt wird – und das war bei Detlef der Fall –, dann wird jede deutliche Bewegung im Bauch von der Mutter nicht nur bemerkt, sondern zudem mit einem Glücksgefühl quittiert. Die Neurotransmitter der glücklichen Mutter werden ungefiltert durch die Nabelschnur an den Embryo weitergeleitet – und dieser schlussfolgert (natürlich unterbewusst, nicht rational) aufgrund der Verknüpfung Bewegen = Endorphinstoß: Sich bewegen macht glücklich. Ich sah keine Veranlassung, diesen falschen Glaubenssatz zu korrigieren, sondern nutzte diese Motivation für unser „Training". Ich bat Detlef, es sich in einem Liegesessel bequem zu machen, und schickte ihn mit geschlossenen Augen in Gedanken laufen. Dabei achtete ich darauf, dass seine Atmung zu dem Laufrhythmus passte, den ich ihm vorgab. Nach etwa 45 Minuten war die ganze Session beendet. Ich gab Detlef den Mitschnitt meiner Anleitungen auf CD mit nach Hause.

Nach zwei Monaten bekam ich das Feedback: Detlef P. war ohne nennenswertes körperliches Training beim Marathonlauf in seiner Heimat nicht nur durchs Ziel gekommen, sondern sogar unter fünf Stunden gelaufen. In der Folge hatte sich noch nicht einmal ein überdurchschnittlicher Muskelkater eingestellt. Das war für ihn sensationell!

Heilpraktikerin: Im nächsten Leben klappt's bestimmt

Falls Sie den obigen Hinweis auf vorgeburtliche Bewegungsmotivation für befremdlich gehalten haben, dann wird Ihre wissenschaftliche Offenheit jetzt richtig strapaziert. Im Jahre 2001 machte ich einmal einen simplen Workshop zur Erforschung des Phänomens „Rückführung in frühere Leben".

Von Haus aus recht aufgeschlossen, hatte ich mich schon in meiner Jugend damit beschäftigt. Ich verschlang Thorwald Dethlefsens Bücher und seine Berichte über Menschen, die sich in Hypnose genau daran erinnern konnten, wo sie früher gelebt hatten, wie sie hießen und auch wie sie gestorben waren. Nun wollte ich selbst herausfinden, was es damit genau auf sich hatte.

Wird sich jeder Mensch zurückführen lassen? Sind die bei einer Rückführung gemachten Aussagen der Fantasie zuzuschreiben? Welche Relevanz haben die Erlebnisse für den betroffenen Menschen in der Gegenwart?

Das alles interessierte mich, und wie ich Ihnen ja nicht müde werde zu sagen: Interesse ist der Motor des Erfolgs. Also lud ich mir acht Probanden in die Praxis und bereitete diese auf das Kommende vor. Bei einer Rückführung ist wichtig, dass man, während die Erinnerungen aufsteigen, nicht kontrolliert und wertet, sondern vorbehaltlos zur Kenntnis nimmt, was einem durch den Kopf geht. Anschließend erkennt man durch ein subjektives Authentizitätsgefühl, ob die Gedankenbilder Erinnerungen oder Fantasie waren – Erinnerungen lösen deutlichere Gefühle aus. Zittern, Schreien, Weinen oder Schwitzen sind meist Anzeichen für höchste Relevanz der Ereignisse. Die eigene Fantasie bringt einen selten zum Zittern.

Es war eine sehr gemischte Gruppe im Alter von 28 bis 55 Jahren, teils mit, teils ohne Erfahrung mit Hypnose, Traumreise oder Ähnlichem. Eine der Teilnehmerinnen, Sabine W., hatte noch nie etwas Derartiges gemacht. Die junge Frau erzählte zu Beginn in der Vorstellungsrunde, sie wäre Ende dreißig, verheiratet, kinderlos, ginge zur Heilpraktikerschule, würde sich aber schon seit Monaten vor der Abschlussprüfung drücken und würde gerne einmal Urlaub in Schottland machen.

Nach einer kleinen Einführung in die physikalische Sichtweise von Leben und Unsterblichkeit begann ich mit der eigentlichen Rückführung. Dabei beginnt man zunächst mit einigen Fragen zum „Aufwärmen", etwa: „Wann sind Sie gestern zu Bett gegangen?", „Wann sind Sie wohl eingeschlafen?", „Wo haben Sie die Millenniumsfeier verbracht?", „Welche Kleidung trugen Sie da?" und so weiter. Man tastet sich langsam in die Vergangenheit, bis man den Zeitraum der Geburt unterschreitet, und fragt immer wieder nach den entsprechenden Bildern und Gefühlen des Probanden. Hierdurch stimmt sich der Proband auf das bildhafte Erleben ein und vertieft, obwohl er dabei fast normal spricht, seinen Hypnosezustand. Stationen wie etwa der erste Schultag, der Moment des Laufenlernens oder auch der erste Blickkontakt des Lebens werden noch angelaufen und erinnert, bevor es dann zur Sache geht, in ein früheres Leben. So kann der Coach auch die „Kontrollierten" aussieben, die sich zu sehr anstrengen und nicht geeignet sind, ihr Gehirn in Ruhe arbeiten zu lassen, denn die erinnern sich nicht an solche Dinge wie etwa den Inhalt der Schultüte zur Einschulung. Doch ich hatte Glück mit der Gruppe und ging mit allen acht gleichzeitig immer weiter zurück, bis wir schließlich den Zeugungszeitpunkt unterschritten. Ab da wurde es spannend!

Eine junge Frau berichtete, wie sie mit 12 Jahren ihre Mutter verloren und im Jahre 1908 von einer Erzieherin schwer misshandelt worden war[10]. Ein Mann hatte den Eindruck, er sei der Kapitän eines Schiffes, das wegen eines von ihm verschuldeten Fehlers gesunken sei. Er fühlte sich schuldig, weil bis auf ihn alle ertrunken seien.

Und Sabine? Sie schrie und weinte, als sie an der Reihe war zu berichten, was ihr durch den Kopf ging. Sie sah sich angebunden auf einem Scheiterhaufen, irgendwo in Schottland, und sollte nun verbrannt werden. Auf meine Frage nach dem Grund berichtete sie nach langem Zögern, sie hätte eine Frau getötet. Dies sei aber keine böse Absicht gewesen. Das Opfer: die sehr alte und schwerkranke Frau des Dorfobersten. Sabine war eine Heilerin, die man offenbar konsultiert hatte. Nun, auch die Heilkunst im Mittelalter hatte ihre Grenzen – und so passierte etwas, bei dem ein heutiger Hausarzt nur bedauernd mit den Schultern zucken würde: Die Behandlung schlug nicht an und die Patientin verstarb. Anders als heutzutage wurde allerdings nicht lange nach einer Ausrede gesucht, sondern der Heiler, der nicht heilen konnte, wurde zur Verantwortung gezogen. Ich gab ihr zu verstehen, dass sie vielleicht einen Fehler gemacht hatte. Jedoch sei das Verbrennen eines Menschen bei lebendigem Leib keine adäquate Antwort. Und so sollte sie ihren Peinigern in Gedanken klarmachen, dass ohne das Zutun der Heilerin die Alte sicherlich ebenso an der Krankheit verstorben wäre. Wer viel will, muss auch viel riskieren – das gilt ebenfalls für Patienten. Ich behaupte: Heilen kann man sich nur selbst. Jedenfalls war Sabine danach beruhigt. „Reframing" nennt man diese NLP-Technik, mit der Sie die übelsten Erlebnisse und Traumatisierungen aus einem anderen Blickwinkel betrachten und daher auch eine andere emotionale Position beziehen können. Und Sie wissen ja: Die Psyche entscheidet sich immer für das geringere Übel.

Ursprünglich war diese Gruppensitzung gar nicht zu „therapeutischen“ Zwecken gedacht gewesen. Doch zeigte sich sehr schnell, dass Sabine offenbar durch dieses Trauma ihre Blockade, sich nicht für die Heilpraktikerprüfung anzumelden, entwickelt hatte. Damit wurde ihr auch klar, warum sie unbedingt nach Schottland wollte: Ihre Seele hatte da offenbar noch eine alte Rechnung offen, die sie zu begleichen trachtete. Die Psyche strebt eben nach Ausgleich.

Bereits wenige Wochen nach dem Workshop meldete sich Sabine W. zur Prüfung an, bestand diese und fuhr danach mit ihrem Mann nach Schottland. Ein schönes Ergebnis für einen Forschungsnachmittag, wie ich finde.

Falls Sie sich für das Thema „Rückführungen“ noch eingehender interessieren, so können Sie im Downloadbereich meiner Internetseite www.andreaswinter.de den Audio-Mitschnitt eines Interviews zu diesem Thema herunterladen.

300.000 Euro mit sechs Wochen Arbeit

Wenn man nicht erst im Mittelalter anfangen will, seinen Erfolg vorzubereiten, kann man unter Umständen auch schneller zu einem Ergebnis kommen, wie uns mein Freund und Kollege Bernhard Reicher aus Österreich berichtet. Er beschloss eines Tages, Quizkandidat für die Millionenshow der österreichischen Version von „Wer wird Millionär?“ zu werden. Seinen kompletten Bericht finden Sie auf seiner Internetseite www.bernhardreicher.at. Hier nur ein paar Auszüge, wie der damals 31-Jährige mit sechs Wochen Vorbereitung um ein Haar sogar eine Million Euro mit der Beantwortung von Quizfragen verdient hätte. Ich sage übrigens bewusst nicht „gewonnen", da die Gehälter einiger Spitzenmanager teilweise mit deutlich weniger Arbeitseinsatz eingefahren werden. Dies nennt man ja schließlich auch „verdienen". Lesen Sie also, wie Bernhard im Februar 2008 glatte 300.000 Euro verdiente, nachdem er sich online beworben hatte, eine Zusage bekam und sich mit Mentaltrainings und Coachings auf die Quizshow vorbereitete.

Zunächst übte Bernhard in Simulationen das Spiel, ließ sich von einer Kollegin immer wieder auf mögliche Irritationen seitens des Moderators vorbereiten und übte, sich selbst mit verschiedenen Techniken körperlich und geistig zu beherrschen und zu beruhigen. Dann war es so weit. Bernhard war Gast im Studio und hatte nun die Möglichkeit, sich in der nächsten Spielrunde gegen andere Bewerber zu qualifizieren.

„Ich tigerte von einem Raum zum nächsten, wechselte ein paar Worte mit den anderen Kandidaten und war darauf bedacht, meinen energetischen Fokus zu halten. Als die Begleitpersonen von ihrem Ausflug zurückkamen, war die Spannung förmlich greifbar: Bald würde es mit der ersten Aufzeichnung losgehen. Auf Bildschirmen, die in jedem Raum angebracht sind, konnte man mitverfolgen, was unten im Studio geschah.

Ich zog mich bewusst in einen Raum zurück, in dem sich aus unerfindlichen Gründen außer mir niemand aufhielt, schaltete das Gerät aus, schloss die Tür und war dort gute eineinhalb Stunden allein. Diese Zeit verbrachte ich (von gelegentlichen Besuchen der Toilette abgesehen) mit allen Techniken und Methoden, die mir einfielen, um mich noch mal auf das Spiel vorzubereiten. Atmen. Visualisieren. Meditieren. Atmen. Mantras. Mudras. Kontakt mit meinen geistigen Helfern. Atmen. Und was weiß ich nicht noch alles. Währenddessen konnte ich die Unterstützung all meiner Freunde, die an mich dachten und mir auf unterschiedliche Weise Energie schickten, geradezu körperlich spüren! Es war wunderschön, auf diese intensive Weise mit allen verbunden zu sein.

Gegen Ende dieser eineinhalb Stunden stellte sich ein Zustand ein, in dem ich den Eindruck hatte, dass alles – jeder denkbare Ausgang – gleich wahrscheinlich war. Ob ich es in die Mitte schaffen würde oder nicht, ob ich mit viel, wenig oder gar keinem Geld heimgehen würde: alles absolut gleich wahrscheinlich. Na dann, dachte ich mir, ist das Zünglein an der Waage meine Entscheidung. Dann wähle ich jetzt ganz bewusst: Dies wird mein Spiel! Kurz darauf wurde es vor der Tür unruhig: Die Aufzeichnung der ersten Sendung war zu Ende. Ich schaute wieder auf den Gang und sah dort die aufgeregten Kandidaten: Thomas, ein überaus sympathischer Kandidat aus der ersten Sendung, war in die zweite weitergekommen. Ich erinnerte mich natürlich voller Begeisterung daran, dass ich das schon im Mentaltraining vorausgesehen hatte, und nahm es als gutes Omen. Nach wenigen Minuten wurden wir wieder nach unten geführt. Diesmal war es ernst. Wir nahmen auf unseren Stühlen Platz, sahen erstmals Armin Assinger [den Moderator, Anm. d. Verf.], der uns alle begrüßte, dann nahm die Aufzeichnung der zweiten Sendung ihren Lauf.

Während Thomas sich bis auf seinen Gewinn von beachtlichen 75.000 Euro hinaufspielte, war ich wieder seltsam ruhig. Ich wusste: Jetzt kann mir noch gar nichts passieren. Ich hatte meine Mitkandidaten, das Publikum, die Kameraleute, das Studio und meinen Touchscreen vor mir lieb. Und als es so weit war und uns die Auswahlfrage gestellt wurde, sagte ich innerlich nur noch: ‚Danke'. Sie lautete: Singen Sie den Beginn eines bekannten Volkslieds: ‚Es tönen die Lieder ...'? – A: wieder, B: kehrt, C: der, D: Frühling. Meine Finger flogen über den Touchscreen, tippten CDBA, und nachdem ich die OK-Taste berührt hatte, blendete meine Zeit auf: 2,44 Sekunden. Ich hatte mich um neun Hundertstel ‚verschätzt'! In diesem Moment wusste ich's: ‚Mein Spiel!'

Als wir (nach einer äußerst erfolgreichen ersten Runde) hinter der Bühne entlanggeführt wurden, hörte ich die Stimme des Warm-Uppers, der einem neuen Publikum gerade erzählte, dass ein Kandidat weitergekommen sei, den nur noch zwei Fragen von der Million trennten – der allerdings mit der Risikovariante spielte, keine Joker mehr hätte und im Fall einer falschen Antwort nicht auf 15.000, sondern sogar auf nur 500 Euro zurückfallen würde. Nun war es tatsächlich so weit – als bisher erst vierzehntem Kandidaten, seit die Show in Österreich läuft (seit dem Jahr 2000), wurde mir die Millionenfrage gestellt:

1.000.000 Euro: Wer erhielt 1921 den Nobelpreis für Physik für seine Arbeit über den Photoeffekt? A: Niels Bohr, B: Werner Heisenberg, C: Albert Einstein, D: Max Planck.

Da war mir klar, dass ich aussteigen würde. Eingedenk dessen, dass ich es spannend machen sollte, überlegte ich aber noch mal laut (und wer weiß, schoss es mir durch den Kopf, vielleicht kam mir ja doch noch ein Geistesblitz zugute): Albert Einstein würde man nicht vermuten, da man automatisch die Relativitätstheorie mit ihm verbindet, aber da es sich hier um die Millionenfrage handelte, könnte es eben gerade Einstein sein, vermutete ich. Niels Bohr? Das Atommodell? Glaubte ich irgendwie nicht. Heisenberg hatte den Nobelpreis später bekommen, nahm ich an. Und Max Planck? Klaus war mal in München im Max-Planck-Institut gewesen. Für die Astronomen ist Licht ganz entscheidend. Licht ... Photoeffekt ... das könnte schon passen. Aber es war mir dann einfach wirklich zu unsicher. Voller Dankbarkeit entschied ich mich für die 300.000 Euro.

Nachdem der Applaus verklungen war, durfte ich noch einen Tipp abgeben, sagte aufs Geratewohl „Max Planck" – und musste erfahren, dass meine Intuition wieder mal recht gehabt hätte: Es war Albert Einstein gewesen. Im Nachhinein, hinter der Bühne, wo ich auf einer Couch die restliche Sendung verfolgte, fiel mir wieder ein, dass ich weiß, dass Einstein den Nobelpreis nie für die Relativitätstheorie bekommen hatte. Aber wofür er ihm verliehen wurde, wusste ich nicht. Und 1921 hätte es ja trotzdem ein anderer sein können.

Wie auch immer: Ich hatte es mit Hilfe aller fest- und feinstofflichen Freunde geschafft, 300.000 Euro zu manifestieren! Beinahe mehr noch als die Freude über den Gewinn wog die Freude darüber, dass ich bewiesen hatte, dass die Techniken, die ich in meinem Seminar unterrichte, tatsächlich funktionieren!

Am Tag nach der zweiten Ausstrahlung gab ich schon das erste Radio-Interview über Telefon aus meinem Hotelzimmer in Stuttgart, wo ich gerade einen Drehbuchkurs leitete. Es kamen zwar auch ein paar wenige Bettelbriefe und Investment-Angebote, bei Weitem überwog aber bei den Menschen, die mir gratulierten, aufrichtige Freude. Es war unendlich schön, von den meisten zu hören, dass sie's mir von Herzen gönnten. Immerhin habe ich ja auch Phasen erlebt, wo ich buchstäblich nicht mal mehr wusste, was ich am nächsten Tag essen soll.

Mehrere Menschen berichteten mir, dass sie sonst nie oder nur ganz selten die Millionenshow sähen, diesmal aber einem intuitiven Gefühl gefolgt wären, den Fernseher einzuschalten und ganz fasziniert davon waren, wie sehr ich mich hatte führen lassen. Ich erlebte in den letzten Wochen, wie inspirierend diese Erfahrung nicht nur für mich, sondern auch für viele andere war (...)."

Soweit der Bericht von Bernhard Reicher, der zeigt, dass man nichts für unmöglich halten und erst recht nichts unversucht lassen sollte, wenn man ein Ziel erreichen möchte. Der Preis, der für dieses Ziel zu zahlen ist, sind die Schmach und Schande, die über einen ergehen könnten, falls man in einer frühen Runde kläglich scheitert.

Je höher der Preis ist, den Sie für Ihr Ziel zu zahlen bereit sind, desto gewaltiger wird der Ertrag. Dies ist, so glaube ich, eine ungeschriebene Gesetzmäßigkeit, der Sie vertrauen können.

Ein kleiner Schubs – mit großer Wirkung

Manche Menschen brauchen nicht viel, um wieder auf ihren Erfolgsweg zu kommen, wie das folgende kurze Beispiel zeigt.

Im November 2008 hielt ich in meiner Wahlheimat Iserlohn einen Vortrag mit dem Titel: „Endlich Geld verdienen! Wie Sie Ihr Gehirn auf Erfolg einstellen". Darin referierte ich über die Dinge, die Sie in diesem Buch lesen konnten. Eine der Zuschauerinnen war eine junge NLP-Trainerin, die sehr unter fehlenden Aufträgen litt. Ihr Kundenaufkommen war zu dem Moment seit geraumer Zeit fast null und sie hätte echte Existenzprobleme gehabt, wenn nicht ihr Mann sie mitversorgen würde. Voller Neugierde folgte sie meinen Worten und den Bildern und Grafiken, die der LCD-Projektor an die Wand warf.

Ich sprach über die hemmende Macht von Schuldgefühlen und darüber, dass man für alles einen Preis zu zahlen hat. Ich erzählte von meiner eigenen Geschichte, in der ich mit Begeisterung für meine Arbeit mühelos innerhalb von fünf Jahren ein großes erfolgreiches Coaching-Institut hochgezogen habe.

Ich erklärte, dass man sich für Wohlstand und Geldverdienen nicht schämen darf und dass wir oft ein Leben lang in dem Denkmuster stecken, wir müssten uns anstrengen, dürften keine Pause machen und hätten Geld nicht verdient. Zum Schluss ermöglichte ich dem Publikum in einer geführten Visionsarbeit von etwa zehn Minuten, einen Blick in die eigene Zukunft zu werfen. Im Audio-Coaching des Hörbuchs „Zielen – loslassen – erreichen!“ (→ Seite 14) finden Sie etwas sehr Ähnliches.

Im Januar 2009 bekam ich die Gelegenheit, die junge Branchenkollegin erneut zu sprechen. Nach ihren eigenen Angaben hatte sich durch die Erkenntnisse, die ihr mein Vortrag vermittelt hatte, ihre Auftragslage rasch verändert. Sie hatte keine Furcht mehr bei der Telefonakquise und beim Vereinbaren von Folgeterminen, sodass sie nun für drei Monate im Voraus ausgebucht war!

Ich sag's ja immer wieder: Ein Coaching ist ein Erkenntnisprozess – und der muss gar nicht lange dauern.

Unternehmensziele erreichen mit astrologischer Psychologie

Unglaublich, aber wahr! Es war im Jahr 2016, als Leni, die Chefin eines großen Einzelhandelsunternehmens, mich um Hilfe bat. Sie wähnte sich am Rande eines Burn-out-Syndroms und erhoffte sich etwas mehr Antriebskraft und Durchhaltevermögen. Leni fühlte sich von ihrer täglichen Arbeit zunehmend belastet. Ich persönlich hielt es allerdings für viel sinnvoller, wenn wir es hinbekämen, sie von Arbeit zu entlasten, statt sie noch mehr Belastungen allein stemmen zu lassen.

Ihre Mitarbeiter waren zwar loyal und durchaus zuverlässig, doch erzeugten diese oft durch ihre Tätigkeit noch mehr Arbeit. Die Chefin musste immer wieder Fehlgriffe ihrer zwanzig Mitarbeiter ausbügeln, nacharbeiten, zurechtbiegen oder selbst übernehmen. Doch so vielschichtig, wie das Problem zu sein schien, war es wahrscheinlich gar nicht. Mein Gedanke war: Wenn das Team loyal ist, dann wird der Anspruch an die Arbeit auch entsprechend hoch sein. Solche Mitarbeiter wollen nicht fahrlässig ihren Job riskieren, indem sie schlecht arbeiten. Es musste also einen anderen Grund für die Schwierigkeiten geben als Schlendrian und Verantwortungslosigkeit. Meist sind das Missverständnisse.

Ich ließ mir von Leni von den wichtigsten Mitarbeitern, bei denen Probleme auftauchten, die Namen, Geburtsdaten und – falls bekannt – die Geschwisterkonstellationen geben. Mit diesen wenigen Angaben lernt man schon sehr viel über einen Menschen. Dann brauchte ich noch eine Beschreibung dessen, was denn das Hauptproblem im Job und die Stärken der Mitarbeiter seien.

Sie begann mit Eric. Der 28-Jährige war der Chefeinkäufer von hochwertiger Saisonware und zudem auch für den Verkauf verantwortlich. Das Problem war, dass er oft zu wenig Ware vom Großhändler bestellte und die Kunden zum Saisonende angesichts halbleerer Regale dann zur Konkurrenz gingen, wo sie nicht nur die gesuchten Artikel, sondern zusätzlich noch Begleitaccessoires hinaustrugen.

Ein Ärgernis für Leni, da sie dadurch nicht nur Umsatz, sondern auch Kundenbindung und Geschäftsimage verlor. Sie versuchte natürlich, das Problem durch Nachbestellungen auszugleichen, was ihr aber oftmals nicht gelang. Nach einem Blick auf Erics Geburtsdaten sagte ich zu Leni: „Der ist ein Krebs, der will dir nicht zur Last fallen. Daher kauft er so wenig ein, er will dich nicht schädigen." Da Eric offenbar ein sehr guter Verkäufer war, riet ich Leni: „Sag ihm, er soll zum Saisonstart reichlich Ware ordern und danach einfach auf Teufel komm raus den Überschuss wieder abverkaufen!" Somit wären alle happy.

In einer anderen Abteilung gab es die 30-jährige Ulla, die zusammen mit dem älteren Mike für den Versand und die Logistik zuständig war. Die beiden gerieten allerdings immer wieder aneinander, weil Mike oft „auf den letzten Drücker" die Speditionen terminierte und ansonsten sehr ungewöhnliche Ideen für die Abteilung hatte. Ulla warf ihm vor, er wäre faul, chaotisch und unzuverlässig. Auf meine Frage hin, ob Mike denn tatsächlich so sei, sagte Leni: Mike wäre manchmal etwas unberechenbar, aber würde durch Effizienz brillieren. Ulla sei halt etwas pingelig, habe aber mit ihren Einwänden häufig recht.

Auch hier brachte der Blick auf die biografischen Daten Erstaunliches zutage: Mike ist ein Zweitgeborener mit Sternzeichen Wassermann. Das bedeutet, er hat in der Kindheit durch seine große Schwester erlernt, dass kein allzu großer Erwartungsdruck auf ihm lastet – bei den Erstgeborenen sind Eltern in der Regel noch etwas unerfahrener und daher erzieherisch druckvoller. Als Wassermann braucht Mike sehr viel Entscheidungsfreiheit und Vertrauen und findet immer dann eine kreative Lösung, wenn sie auch gebraucht wird – selten früher. Er plant nicht gerne, weil er das für unflexibel erachtet. Und damit ist Mike das genaue Gegenteil von Ulla.

Sie ist Erstgeborene, Sternzeichen Jungfrau. Sie fordert das Einhalten von Regeln und Strukturen ein und will zeigen, dass sie als große Schwester zuverlässig und linientreu ist. Die beiden konnten gar nicht anders, als sich misszuverstehen und gegenseitig zu verachten.

Ich riet Leni, die beiden darüber aufzuklären. Dies hat nämlich den Effekt, dass die gegenseitigen Erwartungen und Verurteilungen zurückgenommen werden. Mike und Ulla lernten, sich mehr zu respektieren und tatsächlich sogar etwas zu ergänzen: Wo Planung vonnöten war, kam Ulla zum Zug, und wo unkonventionelle und flexible Lösungen gefragt waren, kamen Mikes Stärken zum Einsatz.

Das Ergebnis konnte sich sehen lassen: Ich erfuhr vor einigen Monaten, dass allein diese kleinen Maßnahmen voll gegriffen haben, es in der Firma nun viel runder läuft und in der letzten Saison die Umsätze deutlich gestiegen sind.

Manchmal braucht es keine teuren Unternehmensberater, die dem Chef raten, sein Personal zu entlassen und seine Firma kaputt zu sparen. Manchmal reicht es auch, einfach mal gründlich hinzusehen, wen man eingestellt hat, und diesen dann seiner Persönlichkeit entsprechend einzusetzen.

Chronisch pleite wegen eines Schuldgefühls

Dieses Beispiel stammt aus meinem Buch „Heilen ohne Medikamente"[11]. Da es aber thematisch nicht an Aktualität verloren hat – ich bringe es oft in meinen Vorträgen – und genau in unseren Erfolgs-Kontext passt, möchte ich es an dieser Stelle noch einmal aufgreifen:

Robert (44) ist ein mittelständischer Geschäftsmann. Er ist ehrgeizig, verantwortungsvoll und macht seine Arbeit gern. Eigentlich könnte es ihm prima gehen, wenn da nicht so ein lästiges unterbewusstes Sabotageprogramm laufen würde, das ihn immer wieder in Finanznot bringt – er ist ständig am Rande der Pleite. Wenn seine Geschäfte als Finanzberater (!) eine Zeit lang gut gingen, kam bald darauf wieder irgendetwas Unvorhergesehenes, das ihn finanziell aus der Bahn schmiss. Egal, ob es eine plötzliche Reparatur am Auto, eine alte, längst vergessene Rechnung, eine Finanzamtsnachforderung oder sonst eine Finanzleiche im Keller war – immer war zu wenig Geld da. Ein finanzieller Puffer fehlte.

Die erste Analyse brachte das schon Erwartete zutage: Robert war von unterbewussten Schuldgefühlen geplagt. Diese hinderten ihn daran, Wohlstand für „verdient" zu halten, sodass er niemals echten Wohlstand aufbaute. Doch Schuldgefühle welcher Natur? Worauf bezogen diese sich?

Die Lösung brachte eine zweite Analyse, in der Robert zurück in seine Kindheit versetzt wurde. Hier sollte er seine Gedanken treiben lassen und einfach sagen, was ihm in den Sinn kam (und was er unbewusst für die Wurzel des Schuldgefühls hielt). Nach einiger Zeit erzählte Robert, wie er von seiner Tante, die zu Besuch gewesen war, fünf D-Mark geschenkt bekommen hatte, mit den Worten: „Weil du so schön dein Zimmer aufgeräumt hast." Nun, wer diesen Satz hört, fragt sich sofort, was denn bitteschön die Tante mit dem Kinderzimmer ihres Neffen zu tun habe. Und genau das war es auch, was dem vierjährigen Robert durch den Kopf ging – ohne es thematisieren oder reflektieren zu können. Er empfand zum einen, fünf Mark wären viel zu viel Geld für einen Vierjährigen (in den sechziger Jahren!), und zum anderen war die dafür erbrachte Gegenleistung keine „Auftragsarbeit" der Tante gewesen – ergo: Das Geld war unverdient und wurde als latenter Erpressungsversuch gewertet. Unter dieser Kategorie wurde Geldempfang von Robert abgespeichert.

Problematisch wurde dieses Ereignis dadurch, dass der Junge im Weiteren auch keine plausible Erklärung für sein von den Eltern gezahltes Taschengeld bekam. Einerseits wurde er erzogen nach der Devise: „Lohn nur nach Leistung", andererseits bekam er aber „Lohn" ohne eine adäquate Gegenleistung. Dies verdichtete sich derart zu einem Schuldkomplex, dass Robert nur Geld für „wirklich verdient" erachtete, wenn er sich dafür auch „richtig ins Zeug gelegt" hatte. Einfache, selbstbestimmte Arbeit ist nach diesem Sabotageprogramm den Lohn nicht wert, sodass Robert keine Ersparnisse anhäufen konnte. Unterbewusst ließ er sein Geld immer wieder durch die Finger rinnen, indem er drohende Finanzlöcher so lange übersah und zudem unnötige Ausgaben tätigte, bis es zu spät war. Ein von den Eltern auferlegter Perfektionismus sowie eine von den Eltern abgeguckte latent antikapitalistische Haltung („Die reichen Schweine nutzen den kleinen, ehrlichen Mann aus") verhinderten das Gefühl von verdientem Wohlstand.

Nachdem wir dies alles gemeinsam aufgedeckt und reflektiert hatten, begann eine neue Epoche in Roberts Leben. Er fing in den nächsten Wochen damit an, sich beruflich ein bisschen mehr abzuverlangen, wägte neue Ausgaben gründlicher ab, investierte in langlebigere Qualitätsprodukte und zahlte seine Rechnungen pünktlich. Zudem fand Robert eine Möglichkeit, mit seinem bisherigen Hobby, der Kakteenzucht, ein bisschen Geld zu verdienen. Das überschüssig zur Verfügung stehende Geld spart er nun regelmäßig in einem konservativen Immobilienfonds an – für Unvorhergesehenes.

So ganz kuriert ist Robert zwar noch nicht – die nächste Stufe der Befreiung vom Armutsgefühl beinhaltet das regelmäßige Spenden für karitative Zwecke, um das Gefühl von Überfluss zu verankern –, aber ein Anfang ist jedenfalls gemacht. Wie oben schon gesagt: Man muss ja nicht alles auf einmal machen.

Im Nachhinein kann ich noch anmerken, dass Robert sogar heute noch im Wohlstandsmehrungsprozess steht, trotz der weltweit schwierigen Finanzlage. Aber das ist noch gar nichts im Vergleich zu dem, was kommt, denn die schönste Erfolgsgeschichte können Sie nun selbst schreiben.

Ausblick:

Zielen, loslassen, erreichen – und wieder zielen!

Machen Sie mit mir eine kleine Lebensrückschau. Sie wurden gezeugt. Ob beabsichtigt oder nicht, ist unerheblich, Fakt ist, es gibt Sie!

Sie sind monatelang ein Baby im Bauch Ihrer Mutter; Ihr Genom liefert Ihnen die Vorlage, um mindestens 100 Jahre alt zu werden und dabei zudem kerngesund zu sein. Ihr Ziel: ein erwachsener Homo sapiens zu werden, das faszinierendste Wesen der Erde. Ausgestattet mit Intelligenz, Mitgefühl und Handlungsfähigkeit wie kein anderes Wesen, werden Sie in der Lage sein, jede Sprache der Welt zu erlernen, jedes Musikinstrument zu spielen und hochkomplexe Abläufe wie das Binden einer Schleife oder das Fahren eines Autos mühelos zu meistern. Sie sind als Embryo angenabelt und bekommen somit alles mit, was Ihre Mutter fühlt. Angenehme Gefühle wie Hoffnung, Liebe, Faszination, weil Sie sich im Bauch bewegen. Sie fühlen aber auch Missverständnisse, Bevormundungsgefühle, Pflicht- und Disziplindruck, vielleicht ein Streitgespräch, die Angst, krank zu werden, und vieles mehr – und Sie halten das alles für Ihre eigenen Gefühle. So gehen die Monate dahin, und es ist alles mehr oder weniger in Ordnung. Nun folgt die schlimmste Katastrophe Ihres Lebens, denn Sie werden geboren.

Es wird laut, es wird hell, es wird kalt. Vielleicht waren Sie noch gar nicht bereit oder hatten sogar schon aufgegeben und wurden durch den Stress müde. Bei der nachgeburtlichen Untersuchung werden Sie gewaschen, gemessen, gewogen und gestochen. Sie weinen vor Schreck und Schmerzen und verstehen die Welt nicht mehr. Aber Ihr Leben geht weiter. Ihr Ziel bleibt es, ein erwachsener Mensch zu werden. Sie nehmen alles in den Mund, um es kennenzulernen, trainieren Ihre Stimme, heben das Köpfchen, fangen an zu krabbeln und stehen plötzlich auf zwei Beinen. Niemand hat es Ihnen gezeigt. Sie haben nur gesehen, dass es gehen muss. Sie beginnen zu laufen, zu sprechen, Sie malen, singen und lachen viel und wissen genau, dass Sie noch klein sind. Aber eines Tages werden Sie groß sein und alles können und dürfen. Sie werden sich alles kaufen, was Sie möchten, so lange aufbleiben, wie Sie wollen, und irgendwann eine Familie haben, die Sie lieben.

Doch zwischenzeitlich kommt es immer wieder anders. Sie müssen brav und artig sein, dürfen nicht dazwischenreden und sollen Ihr Zimmer aufräumen. Sie bekommen schlechte Noten in der Schule, weil Sie etwas nicht verstehen, was Sie ohnehin nicht interessiert, und der Bevormundungsstress macht Sie krankheitsanfällig. Aber es geht auch irgendwie immer weiter.

Es gibt Glücksmomente, die Sie für alles entschädigen. Ihre Augen leuchten, wenn Sie zu Weihnachten einen Teddy und zum Geburtstag ein Fahrrad bekommen. Sie machen eine Schneeballschlacht und freuen sich auf die Sommerferien. Wenn Ihre Mutter Ihnen einen Kuchen backt und jemand Ihnen zeigt, wie man eine Papierschwalbe faltet, dann sehen Sie wieder Ihr Ziel: Mensch sein! Doch viel zu viele Hindernisse werfen Sie immer wieder zurück: Ihre Meinung zählt nicht, Ihr Berufswunsch ist unrealistisch, und Ihre Pläne sind völlig unmöglich. Man nutzt Sie aus, verrät Sie, verlässt Sie. Es gibt nicht unbegrenzt Geld zum Ausgeben oder Zeit für Spaß oder Erholung. Sie haben Liebeskummer und sind wütend auf falsche Freunde, die Sie betrügen und im Stich lassen. Sie fühlen sich nicht im Geringsten wie ein Mensch, das fähigste Wesen auf der Erde. Sondern Sie fühlen sich eingeengt, kritisiert, überfordert und ausgebremst. Sie zweifeln an Gott und an der Regierung. Sie sind abends todmüde und quälen sich morgens aus dem Bett. Vermeiden von Stress, sich ärgern über Saboteure, Neider, Kritiker und Missversteher, das alles hält Sie in Schach. So vergehen die Jahre, Sie altern. Was ist mit dem Baby, das Sie einmal waren, was ist mit der Mutter, die hoffte, dass es ihrem Kind gut gehen wird? Was ist mit Ihren Wünschen und Plänen? Wozu noch? Hat das alles einen Sinn?

Ja, das hat es, denn Ihr Ziel bleibt noch immer bestehen, wenngleich es längst in weite Ferne rückte. Sie stehen ja doch immer wieder auf. Sie haben so viele Höhen und Tiefen erlebt und überstanden. Sie leben. Sie sind ein Mensch! Sie haben Potenzial. Sie haben Verbündete, die Sie vielleicht noch gar nicht kennen. Sie sind eines der mächtigsten Wesen der Erde, Sie haben sich vielleicht nur noch nicht so gefühlt. Sie können noch immer das wahr werden lassen, was Sie wirklich wollen. Und eines Tages können Sie sagen: „Es war mein Leben. Und ich habe es so genutzt, wie es mir möglich war. Und selbst wenn ich nicht alles verstanden habe, was mir widerfahren ist, so war es doch zu irgendetwas gut."

Und irgendwann, sehr, sehr viel später, wird Ihre Seele der Seele Ihrer Mutter begegnen, und sie sagt zu Ihnen mit sanfter Stimme: „Du warst mein Baby! Ich habe versucht, deine Mutter zu sein, so gut ich konnte. Ich hoffe, du hattest ein gutes Leben, denn nichts anderes habe ich mir für dich gewünscht!"

Wenn man einmal sein Ziel anvisiert und alles auf den Weg gebracht hat, um es zu erreichen, wenn man alles in Kauf nimmt und dieses Ziel einfach die Gefühle beherrscht, dann kann ein Mensch gar nicht anders, als erfolgreich zu sein. Probieren Sie aus, was Sie in diesem Buch erfahren haben – und schreiben Sie mir Ihre Erfahrungen. Und wenn Sie mir etwas bei der Organisation helfen, komme ich auch gern in Ihre Stadt und halte einen anschaulichen Vortrag zu einem meiner Themen. Sie sind mit Ihrem Interesse für Psychologie und ein besseres Leben sicherlich nicht allein!

Nachwort

Ob in Beruf, Partnerschaft, Gesundheit, Gesellschaft oder einem der vielen anderen Bereiche des menschlichen Lebens: Erfolg ist eine Folge von dem, was Sie denken oder empfinden. Ob Sie Ihre Ziele erreichen und wie, ist keine Frage von Glück und Pech, Zufall oder Vorhersehung, sondern allein von der Art abhängig, wie Sie auf Ihr Umfeld reagieren. Dabei spielt Ihr Sozialisationshintergrund selbstverständlich eine große Rolle.

In unserer Gesellschaft klingt noch immer der pädagogische Nachhall aus der Kaiserzeit nach: sich bloß nicht hervortun, bloß nicht auffallen, nicht die Unbill der Autoritäten auf sich ziehen. Doch sehen Sie sich um: Was erzeugt dieser Geist für Kinder? Leben wir tatsächlich in einer Gesellschaft, in der es unfein ist, seine eigenen Qualitäten zu kultivieren und sie der Mitwelt verfügbar zu machen? Nein! Eigentlich brauchen wir jeden einzelnen Menschen mit seinen Begabungen, seiner Schul- und Ausbildung und seiner Begeisterung für irgendetwas. Aber stattdessen rufen Millionen „Opferdenkende" wütend und enttäuscht nach Arbeit, statt zu erkennen, welches gewaltige wundervolle Potenzial ein jeder in sich hat. Nicht jeder wird Präsident eines Unternehmens und nicht jeder wird Superstar wie der ehemalige Hartz IV-Empfänger Michael Hirte, der vom bettelarmen Straßenmusiker fast über Nacht zum bekanntesten Mundharmonika-Spieler Deutschlands wurde. Dennoch glaube ich, dass jeder Mensch ein Talent hat, mit dem er etwas Besonderes zustande bringen kann. Man muss es nur entdecken, kultivieren und vor allem herausfinden, für wen dieses Talent wertvoll ist.

Begeisterung ist der Sprit im Tank des Erfolgreichen. Für viele Menschen – nicht für alle –, die zu uns in die Praxis kommen und in einer mehrstündigen Sitzung ihr ganzes Leben „entrümpeln“, beginnt ab diesem Tag eine neue Zeitrechnung, ja fast ein neues Leben. Wir alle sind voller „Programme“ und Glaubenssätze aus der Kindheit, die sich als Muster tief durch unser Verhalten als Erwachsener ziehen. Sind diese Muster erkannt und aufgelöst, ändert sich fast alles, was auf diesen Mustern basierte: Berufswahl, Partnerwahl, Wohnortwahl und mehr. Meist zum Positiven für alle Beteiligten, aber eben, wie gesagt, nicht immer. Das liegt daran, dass für Erfolg, Glück und Zufriedenheit immer ein Preis zu zahlen ist. Dieser Preis ist oftmals die Erkenntnis, dass das Leben schon seit Jahren hätte einfach sein können und dass man natürlich einen Wert für seine Mitmenschen bringen muss, um von denen langfristig, aufrichtig und zuverlässig gefördert und unterstützt zu werden. Dieser Preis ist hoch, aber er lohnt sich!

Hören Sie also niemals auf, dem Ruf Ihres Herzens zu folgen. Wenn Sie voller Überzeugung sind, alles riskieren und sich durch nichts von Ihrem Ziel abbringen lassen, dann werden Sie Ihren Erfolg ernten. Ich hoffe, Sie gehen verantwortungsvoll damit um, denn alles, wirklich alles, was einem Menschen absolut wichtig ist, erreicht er auch. Mögen all Ihre Ziele im Einklang mit der Welt stehen, in der Sie leben wollen.

Anhang

Der Bewusstseinsschlüssel

Wie man mit einem kleinen Impuls auf ein Mikrosystem einen großen Effekt auf ein Makrosystem erzielen kann.
Artikel zum Thema Ziele und Quantenphysik

„Wie geht man durch eine Betonwand? Man benutzt den Schlüssel!“

Im März 2016 hielt ich in Österreich auf einem Kongress meinen Vortrag „Quantenphysik und Psyche“. Darin habe ich versucht darzustellen, wie man mit einem aus der Quantenphysik bekannten Effekt einen Einfluss auf große Systeme wie Firmen, Familien, aber auch auf Baustahlstangen oder ein Ruderboot nehmen kann. Am Ende des Vortrags demonstrierte das Auditorium rhythmisch klatschend, dass ein kleiner Impuls in Form eines Papierzettels einen gesamten Vortragssaal in Schwingung versetzen kann.

Aber beginnen wir am Anfang:

Es geht bei besagtem Effekt aus der Quantenphysik um den determinierenden Einfluss der Messung durch Beobachtung auf die Superposition. Solange sich ein Teilchen noch in der Superposition, also in einer sogenannten Wahrscheinlichkeitswolke befindet, ist durch die gleichzeitig vorhandenen Optionen „entweder – oder, oder, oder …“, „sowohl – als auch“ oder „nichts davon“ die Definition seines Zustands unklar. In dieser Alles-ist-möglich-Position, wie ich sie nenne, kann ein Cäsiumatom entweder zerfallen oder nicht zerfallen sein, kann ein Elektron etwa Wellen- oder Teilcheneigenschaften haben. Erst durch den besonderen Impuls der Beobachtung wird das Teilchen determiniert und auf einen bestimmten Zustand festgelegt.

Sie kennen das Gedankenexperiment des Physikers Erwin Schrödinger, welches vereinfacht besagt:

Wenn eine Katze in einer geschlossenen Kiste sitzt, in welcher sich zudem ein instabiler Atomkern befindet, der innerhalb einer bestimmten Zeitspanne mit einer gewissen Wahrscheinlichkeit zerfällt (Radioaktivität), dieser Zerfall des Atomkerns von einem Geigerzähler gemessen wird und zur Freisetzung eines Giftgases führt, das die Katze tötet – dann wissen wir erst, ob diese tot oder lebendig ist, wenn wir in die Kiste hineinschauen. Ohne diese Messung wären theoretisch beide Zustände zeitgleich möglich. Die Katze wäre also lebendig und gleichzeitig tot.

Dies gilt auch für das berühmte Doppelspalt-Experiment, mit welchem ein Elektron entweder als Welle oder als Teilchen oder gleichzeitig auch als beides vorhanden sein kann. Das einzelne Elektron macht sich als Teilchen auf den Weg, schießt durch beide Öffnungen, beeinflusst sich dabei selbst und trifft als Teilchen mit einem Interferenzmuster auf die Wand. Aber mathematisch gesehen ist das noch seltsamer. Es geht durch beide Spalten, es geht durch keinen, es geht erst durch einen Spalt und dann durch den anderen … alle diese Möglichkeiten stehen in Superposition zueinander.

Dies gilt allerdings nur, solange es nicht beobachtet wird. Ab dem Zeitpunkt der Beobachtung (Messung) verhält sich das Elektron wieder ausschließlich als Teilchen (Materie). Der Akt des Messens an sich bzw. die Beobachtung des Vorgangs hat zur Folge, dass es nur durch eine Öffnung geht. Vor der Beobachtung sind alle Varianten möglich. Doch was hat ein Beobachter mit all dem zu tun? Der Beobachter bringt die Wellenfunktion nur durch seine Beobachtung zum Kollabieren.

Der Impuls, mit dem aus allen vorhandenen Wahrscheinlichkeiten oder Möglichkeiten Materie (echte Realität) wird und diese sich fortpflanzt, also einen Lawinen- oder auch Dominoeffekt auslöst, ist nur eine Messung, also genau genommen stellt die Beobachtung das Bewusstsein des Operators dar!

Somit ist Bewusstsein der Impuls, der einen bestimmten Zustand festlegt. Bewusstsein, auch Hinwendung oder Absicht, ist jedoch noch ein zu minimaler Impuls, als dass er Stahlbeton zum Einsturz bringen könnte, allerdings kann er mittels eines einzigen ersten Teilchens, das in Veränderung gebracht wird beziehungsweise dessen Zustand festgelegt wird, infolge der Übertragung der Zustandsbestimmung an weitere Teilchen einen „Berg versetzen", vorausgesetzt man schafft es, dieses „Schlossteilchen" zu finden und es mit seinem Bewusstsein zu erreichen.

Die Stärke des Bewusstseins steigt mit der Relevanz, also der Bedeutung des Objektes für das Subjekt.

Der französische Forscher René Péoc'h führte diesbezüglich ein interessantes Experiment durch: Er benutzte hierfür einen zufallsgesteuerten Roboterstaubsauger, der in einem Raum die Fahrtrichtung willkürlich ändert. Nun prägte er Entenküken darauf, diese Maschine als ihr Bezugsobjekt anzuerkennen (Prägung nach Konrad Lorenz).

Nach Anschalten des Roboters fuhr dieser nicht wie zuvor rein zufällig im Raum herum, sondern blieb ausschließlich in der Nähe der Entenküken. Das Bewusstsein der Tiere reichte aus, um einen Zufallsgenerator zu beeinflussen, welcher wiederum die Laufrichtung einer Maschine steuert.

Wenn wir also unseren „Berg versetzen", also einen Einfluss auf ein Makrosystem nehmen und somit bestimmte Realität erschaffen wollen, müssen wir zunächst die „Adresse" des Schlosses ausfindig machen.

Der „Schlüssel“, unser eigenes Bewusstsein, liegt bereits in uns. Doch wie findet man ihn und wohin passt er? „Resonanz“ ist die Antwort!

Eine Messung kann nur messen, worauf sie sich bezieht. Ein Impuls erreicht immer nur das, was durch ihn beeinflusst werden kann. Was zunächst banal klingt, enthält eine Komponente, die beim berühmten „Bestellen beim Universum“ meist etwas ins Hintertreffen gerät. Wenn Sie Licht messen möchten, dürfen Sie Ihre Instrumente nicht auf den Luftdruck, den Schall oder die Temperatur des Raumes ausrichten, sondern auf das Licht. Bei vielen physikalischen Messverfahren „streut“ man verschiedene Frequenzen von Licht, Magnetstrahlung, Schall oder anderen Strahlungen, um eine Rückmeldung der resonierenden Teilchen zu erhalten. Mit Hilfe von Resonanzen erreichen Sie die richtige Adresse.

Beispiele:

Stellen Sie sich bitte ein Achter-Ruderboot der chinesischen Olympiamannschaft vor. Sie stehen nun – als Beobachter – am Ufer und möchten bewirken, dass das Boot schneller wird, sprechen aber leider kein Chinesisch. In diesem Fall ist es sehr unwahrscheinlich, dass Sie den gewünschten Erfolg erzielen, wenn Sie „schneller“ rufen – die chinesischen Sportler verstehen leider kein Deutsch. Aber angenommen, Sie kennen den Steuermann des Bootes – das ist derjenige, der mit seinen Kommandos einen mittelbaren Einfluss auf die gesamte Mannschaft hat – persönlich, so haben Sie, indem Sie ihn mit der Information Ihrer Absicht direkt ansprechen, die Möglichkeit, Ihre Botschaft an die richtige Adresse – an Ihr Schloss – zu richten. Damit haben Sie eine Chance, Einfluss auf das gesamte System „Ruderboot“ zu nehmen.

Wenn ein Postbote Ihnen einen Brief zustellen will, sollte er nicht an irgendeiner Haustür läuten, sondern genau an Ihrer – dazu muss er eine genaue Vorstellung von Ihrem Namen haben, nur so kann er ihn auf dem Türschild erkennen.

Wenn Sie im Lotto gewinnen möchten, so dürfen Sie Ihr Bewusstsein nicht auf das Geld ausrichten, sondern auf den Gewinn. Doch oftmals richten Menschen ihr Bewusstsein auf den Verlust aus, etwa wie „Ich gewinne ja sowieso nicht, die Chance ist zu gering". Das Ergebnis „kein Gewinn" wäre der präzise Erfolg, den Sie damit hervorrufen.

Der Kamener Elektrotechniker Michael Päßler drückt es so aus: „Wenn wir auf einer ‚Wellenlänge' sind, dann verstehen wir uns und die Kommunikation funktioniert in beide Richtungen. Wir haben es hier mit den Phänomenen ‚Schwingung und Resonanz' zu tun, die wir auch elektrotechnisch beeinflussen können."

Er erläutert: „Wie bei einem herkömmlichen Radio-Apparat gibt es auf der einen Seite einen Sender, der ein Programm ausstrahlt. Auf der anderen Seite einen (oder viele) Empfänger, die den Sender nur empfangen können, wenn sie auf die stimmige Frequenz bzw. Wellenlänge des Senders eingestellt sind.

Beim Menschen verhält es sich im Grunde genauso: Die Wellenlänge, die sich aus irgendwelchen Gründen ‚verstellt' hat, kann man mit technischen Hilfsmitteln harmonisieren, Mangel und Defizit auffüllen oder auch Überschuss auf das ‚normale Maß' reduzieren."

So bewellte er allein mit abgestimmtem Licht im sichtbaren Bereich einen Vater, der große Konflikte (Disharmonien) mit seinem Sohn hatte. Eine Messung mit einem speziellen Licht-Mess- und Sendeverfahren, dem „Cosmic Lights System", welches auch in meinem Institut zum Einsatz kommt, zeigte, im welchem Bereich und welcher Wellenlänge eine Harmonisierung für den Vater sinnvoll ist.

Die überraschende Folge des mit dem Vater (Sender) durchgeführten Balancings war, dass sein Sohn (Empfänger) ihn „wie aus heiterem Himmel" wieder konstruktiv wahrnehmen konnte. Beide waren wieder auf einer Wellenlänge und verstanden sich. Und das nur aufgrund von perfekt abgestimmtem Licht über einen Zeitraum von weniger als 15 Minuten! Das Balancing mit „Cosmic Lights" wirkt also wie das Einjustieren unseres Radios, wenn sich „etwas verstellt" hat.

Hinzu kommt: Hat man den Bewusstseinsschlüssel (Absicht) in ausreichender Stärke (Relevanz) samt passendem Schloss (Steuerteilchen) zur Verfügung, so kann sich hierdurch ein Effektzuwachs durch Potenzialabruf generieren. Die Ladung des Nachbarteilchens wird durch einen Impuls freigesetzt, der schwächer ist als das Potenzial selbst, was dadurch möglich wird, dass der Impuls einen Schwellenwert überschreitet.

Sie können mit dem kleinen Finger einen Eimer Wasser vom Tisch werfen, wenn dieser zu 49,9 Prozent über der Tischkante steht. Es genügt ein Impuls, der die restlichen 0,1 Prozent anregt. Damit ist nicht nur ein klassischer Kaskaden-Effekt bzw. Domino-Effekt möglich, bei dem eine Information ans Nachbarteilchen in gleicher Stärke weitergegeben wird, sondern es kann sogar eine stufenweise Addition des Impulses stattfinden!

In einem Versuchsaufbau wurden 13 Dominosteine mit aufsteigender Größe von einem halben Zentimeter mit einem Gewicht von ca. einem Gramm bis zu einem Stein von über einem Meter mit einem Gewicht von 50 Kilogramm aufgebaut. Der Impuls des angestoßenen Startteilchens multiplizierte sich über die Zwischenteile, sodass am Ende der schwere Stein vom vorletzten Stein einfach umgestoßen wurde. Nach diesem Prinzip können alle Makrosysteme über einen gezielten Impuls auf ein Mikrosystem beeinflusst werden.

Die anfangs erwähnte Beispieldemonstration aus meinem Vortrag soll dies verdeutlichen:

Kurz vor Beginn meines Vortrages gab ich einer Zuhörerin in der ersten Reihe einen kleinen handgeschriebenen Zettel. Auf dem stand: „Wenn Andreas Winter das Stichwort ‚We will rock you' sagt, beginnen Sie bitte entsprechend rhythmisch zu stampfen und zu klatschen. Bitte geben Sie diesen Zettel an Ihren Sitznachbarn weiter. " Sie sicherte mir diese Bitte zu.

Nachdem der Zettel circa von der Hälfte des Publikums gelesen worden war, gab ich das Stichwort. Der Effekt war, dass der von der Dame in der ersten Reihe begonnene Rhythmus nach wenigen Sekunden auch von einem Teil der Zuschauer geklatscht wurde, die den Zettel nicht gelesen hatten. Am Ende des Vortrags warf ich das Stichwort noch einmal ein, und es wurde nicht nur erneut der Rhythmus geklatscht, sondern die Mehrheit des Publikums begann sogar spontan, laut die dazugehörige Textzeile „We will rock you!" zu singen.

Ein richtig adressierter Bewusstseinsimpuls, hier über verbale Kommunikation transportiert, hatte einen viralen und eskalierenden Effekt auf ein Makrosystem.

Ob Sie nun einen kleinen Chromstahllöffel mit Gedankenkraft und einer kleinen Handbewegung verbiegen wollen oder eine daumendicke Baustahlstange, wie es mein schon mehrmals erwähnter Freund Bernhard Reicher demonstriert hat, ob Sie mit einem winzigen Roulette-Einsatz von nur einem Euro 150 Euro gewinnen, wie ich es dem Chef einer deutschen Spielbank zeigte, oder ob Sie eine zerstrittene Firma wieder ins Lot bringen wollen – Sie brauchen dafür weder eine Abrissbirne noch sonstwelche Massen an Energie, sondern nur den richtigen Bewusstseinsschlüssel und das passende Schloss.

Gehen Sie in Resonanz mit dem Startimpuls für das, was Sie wirklich erreichen wollen. Allein über die Relevanz, also der emotionalen Bedeutung des Ergebnisses, bekommen Sie das System gestartet, genau wie die Entenküken in René Peoc'h's Experiment, Bernhard Reicher in seinem Millionenshow-Spiel oder ich mit meinem Wunsch, ein Vortragspublikum zum Singen und Klatschen zu bringen.

Arbeitsblätter

Auf den folgenden Seiten finden Sie einige hilfreiche Fragen, mit denen Sie das im Buch Gelesene praktisch umsetzen können. Beantworten Sie für sich die folgenden Fragen, am besten schriftlich oder mündlich ausgesprochen, denn damit rationalisieren Sie Ihre Gedanken und unterstützen Ihren gesamten Erfolgsprozess enorm. Falls Sie das Hörbuch „Zielen – loslassen – erreichen!" (→ Seite 14) besitzen, so hören Sie sich das Audio-Coaching bitte erst im Anschluss an.

I. Zielen

Je präziser Sie Ihr Ziel fassen können, je klarer Ihre visuelle und emotionale Vorstellung davon ist, desto schneller und exakter erreichen Sie es.

❶ Was genau möchten Sie verändern oder erreichen?

____

____

____

❷ Wann genau soll das erste deutliche Ergebnis feststellbar sein?

____

____

____

❸ Welche Zwischenziele müssen Sie vorerst erreichen?

❹ Was müssen Sie in Kauf nehmen, womit müssen Sie sich abfinden, um Ihr Ziel zu erreichen?

❺ Welche Hilfsmittel, welche Unterstützung brauchen Sie?

❻ Wie bekommen Sie diese Hilfe?

____

____

____

____

❼ Wer oder was könnte Sie wie hindern?

____

____

____

____

____

❽ Passt Ihre Strategie zur Erreichung des Ziels zu Ihrem Charakter und Ihrer Persönlichkeit?

____

____

____

____

II. Loslassen

Sie wissen, dass alles, was Ihnen absolut wichtig ist, schon immer von Ihnen erreicht wurde. Mühelos und ohne rationale Einmischung kann Ihr Gehirn am besten arbeiten.

❶ Was müssen Sie lassen, damit Sie weiterkommen?

____

____

____

____

____

____

❷ Womit können Sie sich beschäftigen, derweil Ihr „Autopilot“ für Sie arbeitet?

____

____

____

____

____

____

III. Erreichen

Wenn Sie Ihrem Ziel näher kommen oder es erreicht haben, wird sich Ihr Leben etwas verändert haben. Wie geht es dann weiter? Analysieren Sie:

❶ Warum ist Ihnen das Ziel so wichtig?

❷ Warum wollten Sie es bislang nicht erreichen?

❸ Welche Veränderungen werden Sie im Leben bemerken?

❹ Was tun Sie, nachdem Sie das Ziel erreicht haben?

____

____

____

____

Danksagung

Ich danke allen Menschen, die mich und meine Arbeit unterstützen, die mir Vertrauen schenken und meine Thesen kritisch prüfen. Ich danke den Menschen, die sich mir als Kunden anvertrauen, und allen, die mich weiterbilden, inspirieren oder informieren. Danke an meine Leser, meine Zuhörer bei Vorträgen und an alle, die mit mir oder für mich arbeiten. Danke an meine Familie und meine Freunde! Mein Erfolg ist euer Verdienst!

Danke an Daniel Neumann für den Bärentöter-Bogen. Besonderer Dank an Jens Pögel (www.poegelmedia.de) für das Titelfoto!

Zum Autor

Der Diplom-Pädagoge Andreas Winter (geb. 1966) ist Gründer und Leiter des Institutes Andreas Winter Coaching in Iserlohn. Seit 1987 arbeitet er mit Tiefenpsychologie sowie mit therapeutischer Hypnose, seit 2004 bildet er Hypnosetherapeuten aus; seine Klienten kommen aus ganz Europa. Andreas Winter ist Mitglied der Gesellschaft Deutscher Naturforscher und Ärzte.

Mit seinen Büchern will Andreas Winter die breite Öffentlichkeit von seinen wissenschaftlichen Erkenntnissen profitieren lassen. Seine Ratgeber behandeln Gesundheitsthemen aus tiefenpsychologischer Sicht und zeigen dem Leser neue, bislang oft übersehene Aspekte: Welchen Einfluss hat die Psyche wirklich auf Ihren Körper? Welche Macht hat Ihr Unterbewusstsein über Ihr Leben? Winters Psychocoach-Ansatz umfasst die Techniken der tiefenpsychologischen Analyse, Elemente der Neurolinguistischen Programmierung (NLP) und das Arbeiten mit bildhaften Vorstellungen.

Internetseite des Institutes Andreas Winter Coaching:
www.andreaswinter.de

Internetforum mit Andreas Winter:
www.mankau-verlag.de/forum

Ausbildung zum Gesundheitsberater

Wenn Sie nach Lektüre dieses Buches davon überzeugt sind, wie leicht es ist, stressbedingte Symptome zu behandeln, wäre es vielleicht interessant für Sie, mit Ihrem Wissen anderen Menschen zu helfen. In einer kurzen, aber intensiven Schulung erlernen Sie von mir persönlich nicht nur, wie Sie Ursachen aufdecken, analysieren und emotional unschädlich machen, sondern auch alles, was Sie brauchen, um damit beruflich arbeiten zu können. Hunderte von Quereinsteigern und psychologisch interessierten Laien ist es gelungen, mit dem passenden Ansatz und Werkzeug anderen Menschen zu helfen, erfolgreich und in sehr kurzer Zeit stressfester zu werden.

Den Fahrplan zur Ausbildung als Gesundheitsberater finden Sie unter www.andreaswinter.de.

Weitere Bücher von Andreas Winter

Heilen durch Erkenntnis
Die Intelligenz des Unterbewusstseins
Mit Audio-CD
ISBN 978-3-938396-68-1

Abnehmen ist leichter als Zunehmen
Taschenbuch
ISBN 978-3-86374-370-3

Abnehmen ist leichter als Zunehmen
Das 10-Tage-Programm
Kompakt-Ratgeber
ISBN 978-3-86374-126-6

Was deine Angst dir sagen will
Blockaden verstehen und überwinden. Mit Extra-Tipps gegen Panikattacken
ISBN 978-3-86374-323-9

Heilen ohne Medikamente
Chronische Krankheiten: Seelische Ursachen aufdecken und gesund werden.
Selbstcoaching in zehn Schritten
ISBN 978-3-86374-190-7

Artgerechte Partnerhaltung
Das Geheimnis glücklicher und beständiger Liebe
ISBN 978-3-86374-508-0

Der Geist aus der Flasche
Alkohol – Genuss statt Muss!
Mit Starthilfe-CD
ISBN 978-3-938396-17-9

Nikotinsucht – die große Lüge
Warum Rauchen nicht süchtig macht und Nichtrauchen so einfach sein kann!
ISBN 978-3-86374-080-1

Müssen macht müde – Wollen macht wach!
Der Motivationsratgeber
Mit einem Vorwort von Dieter Broers
ISBN 978-3-86374-442-7

Zu viel Erziehung schadet!
Wie Sie Ihre Kinder stressfrei begleiten
ISBN 978-3-86374-489-2

Audio-CDs von Andreas Winter

Abnehmen ist leichter als Zunehmen.
Das Abnehm-Coaching
Hören Sie sich schlank!
2 Audio-CDs, Laufzeit ca. 113 Min.
ISBN 978-3-938396-75-9

Abnehmen ist leichter als Zunehmen.
Das Hörbuch
Mit Starthilfe- und Begleitcoaching
2 Audio-CDs, Laufzeit ca. 133 Min.
ISBN 978-3-86374-373-4

Was deine Angst dir sagen will.
Blockaden verstehen und überwinden. Audiocoaching mit Selbsthypnose-Anleitung
1 Audio-CD, Laufzeit ca. 70 Min.
ISBN 978-3-86374-332-1

Müssen macht müde –
Wollen macht wach!
Hörbuch mit Motivationscoaching
2 Audio-CDs, Laufzeit ca. 150 Min.
ISBN 978-3-86374-445-8

Artgerechte Partnerhaltung.
Das Geheimnis glücklicher
und beständiger Liebe
Hörbuch mit Coaching
3 Audio-CDs, Laufzeit ca. 200 Min.
ISBN 978-3-86374-511-0

Zielen – loslassen – erreichen!
Hörbuch mit Coaching
Wie Sie Ihr Gehirn auf
Erfolg einstellen
2 Audio-CDs, Laufzeit ca. 120 Min.
ISBN 978-3-86374-521-9

Power-Box
Entdecke dein Selbst!
3 Audio-CDs mit Mookait-Edelstein
als NLP-Kraftanker
Inkl. Bonus-DVD „Zielen – loslassen – erreichen!"
ISBN 978-3-938396-44-5

DVDs von Andreas Winter

Abnehmen ist leichter als Zunehmen.
Das Live-Event
Film-Mitschnitt aus dem Kongresshaus Zürich vom 15. März 2012
2 Film-DVDs im Digipack
ISBN 978-3-86374-067-2

Heilen durch Erkenntnis
Das Winter-Coaching: Unterwegs zum Verständnis unserer Psyche
Film-Mitschnitt der Vortragstour „Denkst Du anders, lebst Du anders"
im März 2013 – 1 Film-DVD
ISBN 978-3-86374-116-7

Anmerkungen

1 Erschienen im Archiv der Zukunft 2006, dokumentiert von Reinhard Kahl
2 Larry Winget: *Goodbye Pleite, hello Luxus. So wird Ihr Kontostand zu Ihrem besten Freund*, Börsenmedien AG 2008
3 Dieter Bohlen: *„Der Bohlenweg. Planieren statt sanieren“*, Heyne-Verlag 2008
4 Uri Geller: *Die Macht des Geistes. Nutzen Sie meine Geheimnisse für Wohlstand, Gesundheit und Glück*, Ullstein Verlag 2007
5 Kurt Tepperwein mit Felix Aeschbacher: *Intuition – die geheimnisvolle Kraft. So nehmen Sie Ihre innere Stimme wahr und verwirklichen Ihre Träume*, MVG Verlag 2001
6 Quelle: http://www.enveda.de/Spezialthemen/Koerper-undBewusstsein/mag_33.cfm
7 Pierre Franckh: *Das Gesetz der Resonanz*, Koha Verlag 2008
8 Andreas Winter: *Artgerechte Partnerhaltung – Das Geheimnis glücklicher und beständiger Liebe. Hörbuch mit Coaching*, Mankau Verlag 2019
9 Namen und biografische Angaben sind aus Gründen des Datenschutzes stark verändert.
10 Siehe Kapitel *„Unentschlossen durch Misshandlung in früherem Leben“* in Andreas Winter: *Heilen ohne Medikamente. Chronische Krankheiten: Seelische Ursachen aufdecken und gesund werden. Selbstcoaching in zehn Schritten*, Mankau Verlag, 3. Aufl. 2016
11 Bibliografische Angaben siehe Anmerkung 10.

Stichwortregister

Q

R

S

T

U

V

W

Z

Bücher, die den Horizont erweitern

mankau

Stephan Gerd Meyer

DIE SPIRITUELLE KRAFT DER SELBSTSTÄNDIGKEIT

Erfolgreiche Existenz gründen – Berufliche Entwicklung fördern – Persönliche Erfüllung finden

9,95 € (D) / 10,30 € (A)
ISBN 978-3-86374-120-4

Der Unternehmer- und Gründercoach Stephan Gerd Meyer gibt sein Wissen aus mehr als 30 Jahren Berufserfahrung in seiner Arbeit mit und für Menschen und mehr als 15 Jahren eigener Selbstständigkeit weiter: Ratschläge rund um Gründung, Ausbau und Führung einer selbstständigen Tätigkeit, aus spirituellen und wirtschaftlichen Blickwinkeln beleuchtet, durch Praxisbeispiele illustriert und durch Fragen zur Selbsteinschätzung auf den Punkt gebracht.

Anna Maria Stark

SEELENPOTENZIALE

Es ist an der Zeit ...

9,95 € (D) / 10,30 € (A)
ISBN 978-3-86374-449-6

Anna Maria Stark zeigt auf anschauliche Weise, wie man sein ganz individuelles Potenzial erkennen und den eigenen Lebensweg gehen kann, und zwar mit absoluter Integrität und Hingabe. Sie beschreibt insbesondere die Bedeutung klarer Entscheidungen, denn diese liegen einer erfolgreichen und stimmigen Lebensführung zugrunde: Was ist überhaupt eine „richtige“ Entscheidung? Und wie erziele ich mühelos in allen Lebensfeldern Lösungen, die mir wahrhaftig entsprechen?

Matthias A. Exl

BEFREIE DICH SELBST!

Über die Kunst eines erfüllten Lebens

9,95 € (D) / 10,20 € (A)
ISBN 978-3-86374-439-7

„Dieser spirituelle Ratgeber zeigt einen Weg auf, den jeder Leser mit Hilfe von Übungen nachvollziehen kann. (...) Er beschreibt eindrücklich die Knackpunkte in unserem System und zeigt auf, auf welchen Glaubenssätzen unsere heutige Gesellschaft aufgebaut ist. Dabei kommt klar heraus, dass wir verlernt haben, auf das Wesentliche im Leben zu achten.“

Pulsar

„Mit praktischen Beispielen und konkreten Übungen zeigt ‚Befreie dich selbst!‘, wie die eigene schöpferische Kraft zurückgewonnen und ein wahrhaft erfülltes Leben – jenseits des blinden Konsumdenkens – geführt werden kann.“

Lebens(t)räume

Dr. med. Daniel Dufour

DAS VERLASSENE KIND

Gefühlsverletzungen aus der Kindheit erkennen und heilen

14,95 € (D) / 15,40 € (A)
ISBN 978-3-86374-047-4

„Es ist ein wichtiges Buch für Betroffene und Therapeuten, weil es wie kein zweites den betroffenen Menschen zum allein Verantwortlichen erklärt und nicht den allwissenden Therapeuten und die Diagnose in den Mittelpunkt stellt.“

Connection Special

„Viele Leser werden sich in den zahlreichen anschaulichen Fallbeispielen Dufours wiederfinden und ihre eigene Lebensgeschichte mit anderen Augen betrachten.“ Newsage

Bärbel Mechler

VON PSYCHOPATHEN UMGEBEN

Wie Sie sich erfolgreich gegen schwierige Menschen zur Wehr setzen

9,95 € (D) / 10,30 € (A)
ISBN 978-3-86374-123-5

„Wenn auch du solche Typen in deinem Leben ertragen musst, (...) dann wird dieses Buch die Antwort auf Deine Probleme sein: Anhand vielfach bewährter, praxistauglicher Beispiele erklärt die Autorin, wie du die typischen Verhaltensmuster, mit denen sich diese ‚Quälgeister‘ selbst entlarven, erkennst und hinter ihre täuschende Fassade blicken kannst. Von galanten Schmeicheleien bis hin zu handfesten Konfrontationen bekommst du eine reiche Palette gezielter Methoden in die Hand, um dich effektiv aus der Opferrolle zu befreien.“

Wege

Anna Elisabeth Röcker

MEDITATION FÜR ALLE

Vier-Schritte-Programm zur Meditation und Achtsamkeitsübungen für jeden Tag. Mit Audio-CD

18,90 € (D) / 19,50 € (A)
ISBN 978 3 86374 230 0

„Im Vorwort schreibt Anna Elisabeth Röcker, ihr sei während ihrer langjährigen Tätigkeit als Therapeutin klar geworden, wie wichtig es sei, so vielen Menschen wie möglich den Zugang zur Meditation zu vermitteln. Das tut sie auf gut strukturierte Weise. Das Praxisbuch unterscheidet zwei Bereiche: den Alltag als Übungsfeld zur Meditation und die tägliche Meditationspraxis nach bestimmten Regeln. Dazu liefert sie eine einfache Anleitung in vier Schritten, die sich gut zum Einsteigen eignet.“

Yoga!

Unsere Bücher erhalten Sie bei Ihrem Buchhändler!
Besuchen Sie auch unsere Internetseite mit Bestellmöglichkeit, Internetforum, Leseproben, Veranstaltungstipps und Newsletter: www.mankau-verlag.de

man
kau